Traffic-boosting Copywriting

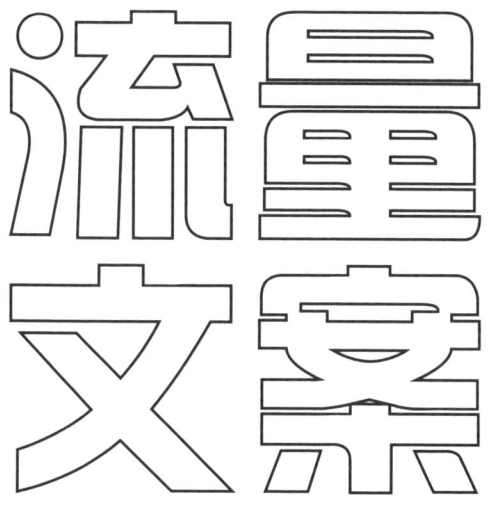

流量文案

10w+新媒体爆款文案速成写作指南

柳绪纲 著

中国水利水电出版社
www.waterpub.com.cn

·北京·

内 容 提 要

这是一本能快速帮助读者尤其是新媒体从业者练就高超的文案创作能力，进而写出极具销售力的新媒体文案写作实战书。

在本书中，作者结合自己十数年的新媒体从业经历和文案创作经验，对新媒体爆款文案的写作技巧进行了全面的总结和提炼。作者高度汇总了文案创作者在创作过程中经常遇到的各种典型问题，结合大量案例给出了"打造吸睛标题""创作精彩开头""好文案一句话就够了"等多个高效实用的文案创作技巧，对有文案创作需求的新媒体从业者大有裨益。

图书在版编目（CIP）数据

流量文案：10w+新媒体爆款文案速成写作指南 / 柳绪纲著. -- 北京：中国水利水电出版社，2021.9
ISBN 978-7-5170-9883-6

Ⅰ. ①流… Ⅱ. ①柳… Ⅲ. ①传播媒介－文书－写作－指南 Ⅳ. ①G206.2-62

中国版本图书馆CIP数据核字(2021)第171283号

书　　名	流量文案：10w+新媒体爆款文案速成写作指南 LIULIANG WEN'AN: 10w+ XIN MEITI BAOKUAN WEN'AN SUCHENG XIEZUO ZHINAN
作　　者	柳绪纲　著
出版发行	中国水利水电出版社 （北京市海淀区玉渊潭南路1号D座　100038） 网址：www.waterpub.com.cn E-mail：sales@waterpub.com.cn 电话：（010）68367658（营销中心）
经　　售	北京科水图书销售中心（零售） 电话：（010）88383994、63202643、68545874 全国各地新华书店和相关出版物销售网点
排　　版	北京水利万物传媒有限公司
印　　刷	天津旭非印刷有限公司
规　　格	146mm×210mm　32开本　11印张　223千字
版　　次	2021年9月第1版　2021年9月第1次印刷
定　　价	58.00元

凡购买我社图书，如有缺页、倒页、脱页的，本社发行部负责调换

版权所有·侵权必究

自序

什么样的人适合从事文案创作？

我的答案是：有文案创作兴趣的人。

我一直认为，一个人在大学里读了什么专业，学了什么课程并不太重要。大学老师教给我们更多的是思维方式，至于后续我们要成长为什么类型的人才，取决于自己在工作中进一步的学习和总结。

记得在报社工作时，身边不乏出身于历史、建筑、纺织、食品等各种专业的同事，其中不少人在工作上的成就反倒比学中文的同事还要好。

许多时候，兴趣比什么都重要。

说说我自己的经历吧。

我读书时学的专业是科技英语，这也是一个与文学毫无关系的专业。毕业后，同学们大都做了高校的专业英语教师或者进入国际贸易等领域，只有我这个"异类"选择做了记者。

有不少人对我的选择感到奇怪，认为我荒废了四年所学。其实，我心底知道，这才是真正根据自己兴趣做出的选择。

做记者是我高中时就有的梦想。

高中文理分科时，在班主任的"威逼利诱"下，我选择了理科，但我发自内心地喜欢写东西时的感觉。等到进入大学，我结识了校报的王历生老师，受他鼓励，我前前后后发表了不少文章。

临近毕业时，王老师告诉我大众日报社面向社会公开招聘记者的消息。我奔去现场，发现报社要招聘的名额有50个，可报名的竟有两三千人，顿时感觉希望不大。然而意想不到的是，因为有作品发表的经历，我顺利通过了面试和之后的笔试，最终真的实现了高中时的梦想。

我后来总结，自己之所以有机会做了记者并能够干得风生水起，主要得益于我对写作的长期坚持。

数年后，我的职业生涯又经历了一次大的变化。

2007年，我下定决心与传统的纸媒诀别，彻底转向了新媒体，入职北青网担任总编辑。这次从传统媒体向新媒体的跨跃，受益于我对互联网传播的持续关注。

参加工作后不久，逐渐普及起来的互联网引发了我浓厚的兴趣。一有闲暇，我就研究如何建个人主页，如何做网络传播。2004年，我到了华夏时报，负责报社的一个编辑部门，同时因为对互联网的了解而兼任了报社网站的主编，这为我后来彻底转向新媒体领域打下了基础。

我在不少场合对朋友们谈到了自己职业上的这两次"破圈"——它们都因爱好成了主业。直到今天，我对新媒体营销依旧充满热情。

所以，我奉劝正读此书的朋友，无须纠结于自己的专业背景，只要对写作感兴趣，马上去练习和坚持就好了。就像我上大学时一样，眼看着与自己的理想无缘了，但只要兴趣还在，一旦抓住机会，理想马上就能开花结果。更何况，写作本身就是对我们综合素质的训练，它可以帮助我们梳理思路、提高表达能力。

说到写作，很多人马上就会想到写作变现。

现下，无论为生活所迫也好，想快点儿经济独立也罢，总之大家的想法越来越功利，这也是人之常情。但目前的内容平台大都过了红利期，千万不要相信"仅凭在平台上写写文章，每月就能有万元左右的进账"这种话，生活中，的确有人可以达到这种收入水平，但那是极少数。

可以毫不避讳地说，目前为止我发表过的每千字千元以上的文章都能数得出来，而且绝大多数是对方的约稿。仅靠自己凭兴趣写作，每个月能有十几篇百元以上收益的文章，已经算不少了。

其实，最值钱的文字是商业文案。

这类文案要么为你赢得工作，要么会有客户买单，它们才是真正与你的经济相关联，并且能够以"千元"为单位为你创造价值的文字。

一提文案写作，人们又会想到网上充斥的各类真真假假的"爆款文案写作公式"，它们真的有用吗？

不可否认，其中有一些的确有用，但爆款文案绝不只是套用公式那么简单。

有不少朋友问我："为什么我辛辛苦苦写了一篇文案，发布后点击量只有几百个，但被别人转发以后却爆了？"

其实，这和你的标题有关，还牵扯到你个人账号粉丝的数量、发布的时间、二次传播的效果等等。不过，不管涉及多少方面，先把文案写好都是基础。

我们需要训练的，应该是快速产出高品质、高流量、高转化率的文案写作技能。在本书中，我将告诉你如何切实提高自己的文案写作技能，如何让自己写出的每一个字都更有价值。其中尽管也解析了打造10w+爆款文案的逻辑，总结出了通用的特点，目的却是以其为主线去阐述文案写作的价值提升技巧。

此外，我要特别提醒大家，写文案使用"目的倒推法"非常重要。即下笔之前要考虑的第一个问题不是"我要怎么写"或者"我要写什么"，而是"我写这篇文案的目的是什么"。

这个目的一定要明确、具体。例如，通过这篇文案销售100单产品，或者招募到50名体验会员，抑或增加1000个粉丝……然后围绕如何达成这个目的考虑如何配置营销手段和写作方法。

就这个问题，我会在本书中做进一步的阐述。

  转瞬之间,我从事新媒体传播已经十余年,也前前后后为上百个品牌服务过。这本书是我在这个过程中就文案写作方面的思考与总结,希望能够切实地帮助到你。

  接下来,开始我们的写作训练之旅吧!

柳绪纲

2021 年 6 月

第一章 PART 01　文案变现的好时代，你怎能错过？

- **1.1** 新媒体时代，文字创作者的黄金时代　/ 004
- **1.2** 文案创作中的3个难题　/ 010
- **1.3** 高吸引力的文案，都具备哪些特征　/ 018
- **1.4** 文案写得出神入化，才能创造销售奇迹　/ 025

第二章 PART 02　优秀的文案创作能力都是练出来的

- **2.1** 下笔前必须要问自己的4个问题　/ 036
- **2.2** 10w+爆文创作的5个套路　/ 045
- **2.3** 刻意练习有3勤：手勤、腿勤、脑勤　/ 058

第三章 打造吸睛标题：
PART 03　8个技巧，提高文章点击率

- 3.1 场景代入：注意！这事和你有关 / 068
- 3.2 使用问号：带动受众一起思考 / 071
- 3.3 强化冲突：展示对立或不合常理之处 / 075
- 3.4 借势热点：激增曝光量 / 078
- 3.5 引起歧义：故意制造"混乱" / 081
- 3.6 重视数据：增强说服力 / 086
- 3.7 巧用动词：让标题更"热闹" / 091
- 3.8 点燃共鸣：用感悟去触动用户情绪 / 094

第四章 搭建内容框架：
PART 04　5个模型，让创作事半功倍

- 4.1 倒金字塔式：最快的成文模式 / 104
- 4.2 "总—分—总"式："串糖葫芦法"防跑题 / 115
- 4.3 盘点式：最方便借势热点的结构 / 122
- 4.4 递进式：遵循逻辑规律，节奏感强 / 131
- 4.5 互动式：做"热点"发掘者 / 136

第五章 PART 05　创作精彩开头：5种方法，牢牢抓住读者注意力

- 5.1 用结果开头：把开头做成"钩子"，吸睛又勾心　/ 148
- 5.2 用悬念开头：像说书人一样"卖关子"　/ 156
- 5.3 用故事开头：人天生就爱听故事　/ 165
- 5.4 用细节开头：描绘一个吸引人的画面　/ 172
- 5.5 用感受开头：嗨！我们是一伙的　/ 176
- 5.6 用金句开头：既打动人又显"高级"　/ 182

第六章 PART 06　快速晋升写作高手：资深主编不会轻易透露的9种路径

- 6.1 随心法写作：信马由缰，破解禁锢思维　/ 190
- 6.2 笔记法写作：随摘随记，同步积累素材　/ 195
- 6.3 增补法写作：增补细化，解决干巴枯燥　/ 199
- 6.4 场景法写作：深度练习，强化代入感　/ 204
- 6.5 切块法写作：拉出提纲，降低长文难度　/ 208
- 6.6 感悟式写作：一点一滴，收集灵感　/ 213
- 6.7 日记式写作：坚持记录，培养写作习惯　/ 217
- 6.8 刻意性写作：逼迫自己，磨炼写作思维　/ 222
- 6.9 细节性写作：观察入微，注重价值发掘　/ 227

第七章 PART 07　好文案一句话就够了：
8个诀窍，教你一句话打动消费者

- 7.1 既语言简练又朗朗上口 / 236
- 7.2 让人感觉你的话很新鲜 / 241
- 7.3 让对方认为和自己有关 / 247
- 7.4 能引人思考并有所感悟 / 253
- 7.5 说出受众心底的那句话 / 258
- 7.6 换个生动的方式去表述 / 263
- 7.7 借助耳熟能详的表达 / 269
- 7.8 让这句话自带画面感 / 273

第八章 PART 08　10个实战攻略，
持续引流高转化

- 8.1 压缩，压缩，再压缩 / 282
- 8.2 试试果断地删掉开头的一两段 / 287
- 8.3 搜集资料前，先弄清楚4个问题 / 290
- 8.4 找到最有价值的切入角度 / 298
- 8.5 找准受众的痛点 / 305
- 8.6 对字句进行推敲、置换和调整 / 312
- 8.7 总有那么一两句话高深又新鲜 / 320
- 8.8 利用数据打造"黄金文案" / 324
- 8.9 获取受众的信任 / 329
- 8.10 塑造个人IP / 335

PART 01

第一章

文案变现的好时代,你怎能错过?

"现在写东西还能挣钱吗？我怎么觉得在短视频的冲击下，文字越来越廉价了呢？"

抛给我这两个问题的女孩叫小西，她曾是我的下属，后来跳槽到一家公司负责新媒体运营。小西非常勤奋，工作之余还做起了自己的自媒体号。一年多来，她每周都会写三四篇有关情感、职场的文字，渐渐地积累了七八万粉丝。

但她在自媒体号上的收入每月只有几十元到上百元，最好的时候也才刚突破四位数。后来，她看到《新周刊》的一篇《我们卧底了一个网络写手群，千字3元不如要饭》，更觉得迷茫，所以有了这样一问。

"写东西当然能挣钱，至于能挣多少取决于你写什么样的东西。"接着，我告诉她，"记住，能给你带来直接收益的文字，才会更值钱。"

能给你带来直接收益的文字，最直接的一类就是商业文案。

只要能写好商业文案，无论是你自己有产品，还是别人有产品找你帮忙，都能通过传播变现。

不过，在谈商业文案的创作和训练方法之前，我们先来看几个文案创作者普遍关心的事儿。

1.1

新媒体时代，
文字创作者的黄金时代

技术推动着人们习惯的改变。短短20余年，在信息获取渠道上，受众已经从报纸、电视等传统媒体转向了互联网衍生出的新媒体，后来又转到了移动互联网催生的社交媒体。

在信息获取途径上，仅仅在互联网普及之后，人们就经历了论坛、博客、微博、微信朋友圈、短视频……而营销手段的重点也相应地在软文营销、微博营销、微信营销、视频营销和社群营销之间几经转移。

当抖音、快手、B站等App占领了受众手机，越来越多的人习惯了刷短视频，一些图文自媒体创作者陷入了焦虑：文字创作还有价值吗？

答案是肯定的。

暂且不说绝大多数短视频都需要文字脚本，软文营销、微博营销、微信营销、视频营销……哪一个离得开文案呢？

何况，图文结合的传播形式还有着视频所不具备的优势。

优势一：更快速传播

更快速传播体现在产出快、发布快、阅读快。

北京时间2021年6月17日9时22分，搭载神舟十二号载人飞船的长征二号F遥十二运载火箭，在酒泉卫星发射中心点火发射。同一时间，新华社在互联网上发布消息。

图1-1 新华社发稿

这速度够快吧？如果采用视频，仅仅录制后导出、上传、转码，一两分钟根本做不完。直播当然是同步的，但时间点一过，观众看到的也只是后续的信息，失去了转发分享给朋友的价值。

此外，从受众的角度来说，这篇内容的百余个字一眼就可以扫过，短短一两秒钟就够了。而如果是视频，哪怕只有半分钟，我们也不得不老老实实地看30秒才能掌握必要的信息。

事实上，有不少内容只使用图文的传播形式就足够了。

我们在看电视的时候会发现，有不少新闻是采用主持人口播并且配发一些无关紧要的空镜头的形式。这就是因为所传递的内容对画面需求不强，只是顾及电视必须有画面才"填充"了那些镜头。

播音员的语速一般是每分钟250—260字，5分钟所讲的内容往往不到1500字；而如果阅读文字，我们可以自己掌握速度，即使不能做到一目十行，一两分钟也足以浏览完毕新闻内容。

优势二：更方便抓住重点

有些人做事效率高往往是因为他们可以做到去繁就简。例如，大部分人在阅读的时候一定不是匀速的，他们对不感兴趣的地方往往会一扫而过甚至直接跳过，对重要的地方则会一字一句细细揣摩。而视频呢？我们只能耐着性子从头到尾地慢慢看，遇到自己特别关心的内容反倒容易一闪而过，只能回头反复观看；而文字的呈现是打开的、平铺的，很方便回头查找，便于记录摘抄、提炼重点、攫取信息。

你有没有遇到过这种情况：在写某个文案时想引用一个行业的数据，却偏偏记不起这个数据在哪一篇文章或者视频中看到过，怎么办呢？

当然是查找。

这时你会发现，目前的技术下，如果我们对某个信息只有碎片记忆，需要查找核实，那么搜索引擎对文字信息更友好，通常可以快速找到答案；而如果想查阅视频内容，那就麻烦多了，恐怕会花费我们数倍的时间和精力。

而且图片作为文字呈现的补充，也能传递很大的信息量。例如需要耐心才能查看的地图、流程图、示意图、证明性的图片等，使用静态的图文来呈现，效果都比动态的视频要好。

优势三：更容易表达抽象的内容

> 近乡情更怯，不敢问来人。

这里我们不探讨诗人宋之问的原意，只说这上千年来被游子们借其表达的乡愁。

一个人长年漂泊在外，如今终于踏上归途，离家越来越近，心里反倒更加忐忑：不知家人是否安好？遇到了来自故乡的人，却又犹犹豫豫不敢去问，唯恐听到不好的消息。

短短10个字，就把一个游子"思乡心切、近乡情怯"的复杂心情表现得淋漓尽致。如果用视频表现这种心情呢？恐怕需要拍成一部小短剧了吧？

经过数千年的文化积淀，中国文字的凝练是视频无法企及的——尤其是在情感、思想、心理、归纳总结等一系列抽象的表达上。

来看一段文字：

> 世上最遥远的距离，不是生与死，而是我就站在你面前，你却不知道我爱你。

读起来，是不是无须任何铺垫，就有着令人心痛的感觉？

优势四：更有想象空间

你有没有过这样的经历？

读一本小说，你能感受到女主人公脱俗的容颜、动听的声音，甚至一颦一笑都是那么完美。可惜，你有一天看到了根据这本书拍出的影视剧，女主角完全是另一副样子，这让你直后悔不该去看。

我读雨果的《巴黎圣母院》时，就曾想象爱斯梅拉尔德美丽得不可方物：她应该生得小巧玲珑，一头卷曲的黑色长发，脸圆圆的，有着东西合璧的精致五官，嗓音则如百灵鸟般动听……

后来，我看到了吉娜·劳洛勃丽吉达饰演的爱斯梅拉尔德。虽然吉娜·劳洛勃丽吉达也非常漂亮，但我心里仍有不小的落差，因为她的头发不是我想的样子，眉毛不是我想的样子，嘴巴不是我想的样子……甚至五官和声音，也都不是我想的那个样子。

当然，即使可以选到一位完全符合我的标准的演员去饰演爱斯梅拉尔德，恐怕除了我之外仍然会有很多人无法接受，因为每个人的审美和想象都不相同。读小说时，我们想象出的人物形象是最符合自己审美的样子，一旦到了影视剧里，有了具体的演员相对应，这个形象就被固化了，不再有文字所留给我们的想象空间了。

最美的女孩只存在于每个人的心底——这是"脑补"在起作用。同理，自己吓自己才更吓人，自己感动自己才更感人。而要诱发受众从心底产生焦虑吓住自己或者产生共情感动自己，文字都更易于实现。

除了以上4点优势，文字还能更快地吸引住受众。

央视的一位朋友和我聊天时，谈到节目制作的要求，他说自己刚入行的时候，领导要求"3分钟内必须吸引住观众"，现在，这个时间要求早已经变成了"30秒"。但如果是在短视频平台上，这个时间恐怕早已缩短到了15秒之内。而对于一篇文章呢？一个标题，或者十几个字的开头，就应该完成了"吸睛"的任务。

在商业化传播中，无论使用图文文案还是借助短视频，达成目的的路径都是一样的：

抓住眼球→刺激痛点→实现转化

如何抓住眼球？如何刺激痛点？如何实现转化？短视频创作者也有他们的压力。

所以，作为文字创作者，我们没必要对新出现的传播形式过于焦虑，而是应该尽力发挥图文传播的优势，通过自己的努力为自己的作品赋能，最终让其发挥出更大的价值。

1.2 文案创作中的3个难题

写一篇好文案是有难度的,这毋庸置疑。

但我们时常会遇到更令人郁闷的状况:想写一篇简单的文案往往大半天过去了还拿不出初稿,或者费了好大劲儿写出来却连自己这一关都过不去,哪里好意思给别人看?

费尽心力写出的东西,自己都不满意——这种情况,我有时也会遇到。写的时候越费劲,其结果无法令自己满意的概率也越高。究其原因,还是写作遇到了问题。

我归纳了一下,发现问题主要集中在以下3点:

①素材准备不足:文案显得粗糙、干瘪。

②没抓住重点:要讲的内容表达不清晰,没有写到点子上。

③没找到创作灵感:行文不流畅,难以引发共情,无法打动自己。

针对这3个问题,应该如何解决呢?

问题一：素材准备不足

这就像让小学生写一篇与小动物有关的作文。如果这个学生生活在城市里，家里一只动物都没养过，也极少去动物园，平时什么小动物都接触不到，那么他要顺利完成这篇作文就会比较吃力。但如果他恰好养了一只小猫，平时又特别喜欢跟小猫玩呢？那他大概率可以把作文写得生动有趣。

这就是没有素材和有素材的区别。我们面对文案和小学生面对作文是一样的，素材的准备格外重要。

我们可以把所需要的素材分为两大类：

- 积累型素材
- 即用型素材

积累型素材能够反映我们的文学素养和专业素养。这些内容需要我们在日常的工作和生活中有意识地去收集、汲取，其中就包括一些奇闻逸事、古今诗词、名人名言、法律法规、行业数据等，也包括心理学、经济学，以及垂直行业、周边行业的相关知识，范围非常广。

这些素材在写作时不使用并不会遭人诟病，但如果运用于文案中，就会增色许多。例如"丁香医生"在《想要消痘不留印，这2个好物真不能少！》中的表述：

有人说："世界上有2种东西是藏不住的，一是咳嗽，二是爱。"

但其实，还有一样东西也是藏不住的！

那就是痘痘。

一旦长了痘，就算10层的粉底都遮不住，还可能留下碍眼又难以消除的痘印或者痘坑。

"世界上有2种东西是藏不住的，一是咳嗽，二是爱"这句话，我们即使不知道也是正常的，然而"丁香医生"的文案作者恰好在某处看到，作为素材摘抄了下来并用在这里，引出对"痘痘"的描述，我们会发现文案变得更生动、更有趣了。

再如：

此前，有传言说2020年将遇到60年来最冷的冬天，后来被证实是谣言。

但近期，官方又给出一个消息，那就是这个冬天虽然没有谣言那么夸张，但真的会很冷！

如此表述，是不是比直接写"2020年的冬天会很冷"更有趣，也更让人感觉这个冬天会非同一般的冷呢？其中，"有传言说2020年将遇到60年来最冷的冬天"和传言"被证实是谣言"都属于积累型素材。

即用型素材是指和要写的文案紧密关联、不可或缺的素材。

如果是产品类文案，素材包括产品的特点、功用、针对的用户、要满足的用户痛点等。

如果是品牌类文案，素材包括品牌的最新事件、价值观、荣誉等。

如果是知识类文案，素材包括知识的要点、可解决的问题等。

……

这类素材的收集相对容易，可以通过看相关说明文档，采访产品经理、负责人、专家、体验者等途径获得。即用型素材是文案的核心内容，但如果想把文案写得出彩，更多依赖于积累型素材。

问题二：没抓住重点

在《颜氏家训·勉学》中，提到过一个"博士买驴"的故事——邺下谚云："博士买驴，书券三纸，未有'驴'字。"

后来人们用这个故事形容有些人说话或者写文章不得要领，絮絮叨叨却没有讲到点子上。

现在生活节奏快，许多人看东西的耐心明显下降。如果你在文案中绕圈子，那恐怕无法吸引太多的读者。

那怎样写文案才能抓住重点，不绕圈子、不跑题呢？

答案是：①搞清楚文案的写作目的，并围绕目的进行选材；

②限定字数。

先来说说如何搞清楚文案的写作目的，并围绕目的进行选材。

你可能会说："搞清楚写作目的，这不是写文案最基本的要求吗？还需要你来讲？"

没错，搞清楚写作目的是写文案最基本的要求，但不少文案创作者往往把它给忽视了或者搞错了。

当领导安排"写一下我们营销活动的推广文案"时，很多人会开始构思："好，活动推广文案。我们的活动目的是这个，我们的奖品有这些，模块设置是这样的……"

发现了没有？思考了不少，但就是漏过了"我要怎样吸引人来参加这个营销活动"！这篇文案的写作目的，不是"告诉大家我们做了一个活动"，而是"吸引人来参加这个营销活动"。

如果是"告诉大家"，那么把活动的举办目的、参与方法、活动奖励等信息表达清楚就好了。但如果是"吸引人来参加"呢？是不是就要琢磨怎么表达活动的举办目的才更有吸引力？参与方法是不是简单易行？活动奖励是不是足够吸引人？

当你的选材和行文都围绕着"怎样才能吸引人来参加"进行，文案还会抓不住重点吗？还会绕圈子、跑题吗？想必不会了吧。

为什么要限定字数？

从阅读习惯上来说，很少有非常长的文案能够吸引人们读完。在手机上阅读，除非是小说，否则一篇3000字的文章恐怕是许多人的阅读极限了。

你写一篇5000字的文案，如果大家都读不完，那么你的目的如何实现？你的创作又有什么意义？而且，当文案过长，也很容易东绕一圈、西绕一圈，绕来绕去丢失了重点。

说书、讲故事讲究推到高潮就戛然而止。写文案也应该如此，给自己限定字数，在保证易读、有趣的同时，达到目的，能短则短，千万别做那位买驴的博士。

问题三：没找到创作灵感

创作灵感是很奇妙的东西。

有时候可以下笔千言、一气呵成；有时候却是东拼西凑、才竭智疲——这就是写作时有灵感和没灵感的区别。

那边交稿的时间在一分一秒地迫近，这边却找不到写作灵感，该怎么办呢？不妨试试这几种方法。

①放松心情，暂时不去想文案。许多时候，我们找不到灵感是因为手头的事情有些多，造成了心理焦虑，所以总和要写的文案风格搭不到一个频道上。

遇到这种情况，最好的办法就是让自己的心情放松下来。可以把写文案这件事暂时放下，找一个安静的地方走一走、坐一坐，望望远处的风景，或者找一幅喜欢的风景画看一看。等心平气和了，再回过头琢磨文案应该怎么构思。

要相信，磨刀不误砍柴工。当情绪平和，不再有心理焦虑，动起手来才能事半功倍。

②和朋友聊聊，捕捉一闪而过的灵光。聊天可以让人放松，也能帮助我们打开思路。

如果总是写得不满意，那就找同事或者朋友，围绕文案所涉及的话题聊一聊，某一句话可能就会让你灵光一闪。

一次，我去拜访一位做电商的朋友，进了办公室，一个做新媒体的女孩正苦着脸坐在那里和朋友讨论文案。

朋友取了新到的水果，我拿起苹果咬了一口，感觉不是太甜，便随口说了一句："你们说，现在的许多水果怎么吃不出咱们小时候的味道了呢？"

做新媒体的女孩眼前一亮："太好了，我知道怎么写了！"

原来，她对自己所写的电商文案不满意，正发愁呢，而我无意间的一句话让她抓到了"吃出小时候的味道"这个点。

我对自己所写的文案不满意的时候，也会使用这种方法，可能不经意间听到的某句话或者某个小故事就可以带给我新的想法，让文案一下子鲜活起来。而且，通过聊天，有意识地谈论文案内容，还可以帮我们梳理思路。

③看一看竞品或者同类型的文案。翻一翻同类型的文案也是打开思路的有效方法之一。

写作遇到障碍的时候，搜索一些竞品或者同类型产品的优秀文案，认真读一读，想一想。这些产品本就是相似的，看看别人是从什么角度切入、如何架构的，我们可以从中发现值得借鉴的手法或者激发自己灵感的内容。

④尝试从小故事入手写点儿东西。找到灵感的再一个方法，就是随手写点儿东西。例如生活中遇到的某个小故事，尽量把它写得精彩些。然后围绕文案主题随便写个小故事，一点点把思路调整过来。

就像我们骑自行车，打开锁，踩上踏板，一开始难免感到地面上的阻力大一些，但蹬几圈之后，就会感觉越骑越轻松，踏板甚至会推动着脚转动。

我们的大脑也一样，有时候需要先"热热身"，随手写点儿东西可以帮助它更快地"启动"。

1.3 高吸引力的文案，都具备哪些特征

从事传统媒体的朋友和我交流时，往往会感慨时代变了："人们都开始摒弃传统媒体，转向新媒体了。"这时我就会和他们聊聊新媒体和传统媒体的区别。

其实，这两类媒体最大的区别是对目标受众的态度。

传统媒体的一贯做法是站在高处吆喝自己想说的事情："来来，我告诉你们啊……"而新媒体则是看到某个地方聚了一大群人就走过去，认真听一听、看一看，搞清楚他们是干什么的，在聊什么样的话题，然后说："哦，您说的这个事情啊，我还听说……"

明白这是什么意思吗？换句话说，其实就是"传统媒体往往是以自我为中心的主观性传播，新媒体则是以受众为中心的迎合性传播"。

当下，以自我为中心的主观性传播越来越缺少市场。所以，如果想写出受欢迎的文案，有一点绝对不能忽视——弄明白目标

受众更喜欢什么样的文字。

我先展示一下当下受众的信息获取习惯画像,如图1-2所示,然后逐一做出解释。

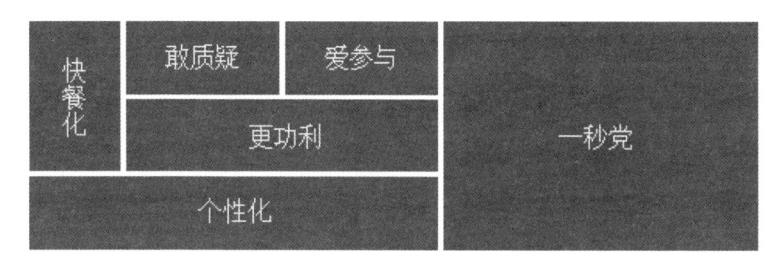

快餐化	敢质疑	爱参与	一秒党
	更功利		
	个性化		

图1-2 当下受众的信息获取习惯画像

习惯一:快餐化

随着技术的进步,手机等移动终端成为重要的信息获取设备。移动终端服务满足了大家随时随地获取信息的需求,并逐步占据了多数人的碎片化时间。

在碎片化时间里,更易于传播的是快餐式的短图文和短视频。快餐化获取信息就像我们吃快餐,最好是点了马上就能拿到,拿到马上能吃,吃了很快就能吃完。快餐式的内容也应该轻松而不晦涩,简洁而不繁杂。

快餐化获取信息习惯的优点是想看随时就看,不想看随时放下,最大限度地利用了时间;缺点是与正餐化的深入阅读相比,对内容的选择偏向轻松化,对信息的接收趋于表面化。

针对这个特点，有一定冲击力、猎奇性的标题往往更受大众追捧。

习惯二：个性化

在传统媒体时代和新媒体新兴阶段，受众信息获取的个性化需求意识并不强。所以，在21世纪的第一个10年里，包罗万象的门户网站备受欢迎。

可当信息洪流到来，人们越来越不再能够接受在海量内容里"淘"取对自己有用的信息。

微博是最初的社交媒体形式，它帮助我们关注垂直方向的媒体账户和大V，获取某个行业或者细分领域的信息。

但这还不够。

当微信流行起来，微信群和朋友圈成为大家获取信息的新的渠道。因为微信联系人要么是亲朋好友，要么是同事客户，所以大家关注的话题必然更有趋同性，因此大家分享到微信群和朋友圈的内容，多数也是自己想关注或了解的。

再后来，电脑程序出手了。越来越多的信息推送平台利用各种"算法"，分析我们每个人的浏览偏好，不断优化，把我们偏好的信息筛选出来，再精准地推送到我们的终端上。

这些推送帮我们筛掉了大量信息，已经具备个人的喜好标签，更个性化，而我们也越来越热衷于获取个性化信息。

习惯三：敢质疑

如果在搜索引擎上输入"网友质疑"，你可以瞬间搜到几十万条资讯。现在的受众早已不只是信息的接收者，而是会勇敢地对信息的真实性进行判断和质疑。

之前，媒体说什么，受众普遍就接受什么，但后来一次次的"媒体辟谣""谣言"被证实，加上自媒体内容的可信度本来就难以保证，"一言不合就质疑"成了许多网友的习惯。

例如，有明星塑造学霸人设，转头就被网友拆穿其弄虚作假；有人在文案里掺杂虚构的东西，被网友穷追猛打；有极少数正规媒体的报道中，出现个别数据上的错误也会很快被网友指出。

这些都不是个案。更有甚者，有人想从正面宣传某产品或者品牌，可如果其自身有瑕疵，而又不小心"用力过猛"惹人厌烦，这正面宣传在网友的质疑下，可能就演变成了"捧杀"现场。

习惯四：爱参与

互动评论也是受众的一大喜好。

在热门平台上，网友们的评论动辄数万条，部分评论可能比原文还要有意思。假如你有不明白的地方，在评论区发问，不待原创者回答，不少网友就会给你答案。

参与互动评论的人群，通常有5种心理。第一种是有感而发，赞同或者质疑发布的内容；第二种是希望借此表现自我，得到认可或观点上的认同；第三种是看到疑问或曲解，想帮助别人答疑解惑；第四种是感觉有趣，跟风评论；第五种是为了哗众取宠，达到其他的目的。

但不管出于哪种心理，我们的文案都可以通过网友的参与实现更广泛、更有效的传播。

习惯五：更功利

信息越来越多，受众能够分配给自己所不关注的信息的时间就越来越少。人们在看一条信息时，潜意识里就会考虑："看这条信息我能得到什么？"如果从中得不到能吸引自己的东西，就会选择不再继续看下去。

"能吸引自己的东西"包括知识、实用信息、礼品、奖励，甚至愉悦或谈资等。

"一定要从中得到东西"，就是所谓的"功利"。换句话说，我们浏览信息的目的性越来越强了。

我时常听一些做自媒体的朋友抱怨公众号的阅读量越来越低了。这其中，固然有受众口味改变和其他平台分流的原因，但更重要的一点，则是各类"鸡汤"、科普知识以及某些套路被一用再用，无法轻易打动受众了。

习惯六：一秒党

在快餐化阅读的背景下，我们绝大多数人都是"一秒党"——我们被一篇文章吸引住的时间只有1秒，即扫一眼标题，如果不能吸引住目光，它就被宣告了"死刑"。

当信息汇聚到互联网上，成百上千条内容只是以标题的形式罗列在屏幕上的时候，标题不仅仅是"重要"，而应该被称为文案的"生命"。因为即使内容写得再出彩，如果标题不能够把受众吸引进来浏览，那么这篇文案就没有了任何价值，就是"0分"。

几年前，我在新闻网站和视频网站做总编辑，进行过许多次试验。方法是在页面的同一位置，使用不同的标题推送同一篇文章，然后分别观察10分钟的流量数据。

结果表明，普通标题和有吸引力的标题获得的点击量最高可相差上百倍。

现在的信息比几年前更多，大家浏览信息的耐心更差，"1秒定生死"的现象也更加严重。即使在利用算法向精准受众推送信息的平台，阅读率（阅读数/推送数）通常只需达到9%（超过60%的同类作品）就已经算是及格了。

了解了这些信息获取习惯，我们会发现，当下受众喜欢的文字应该具有以下几个特征：

①标题能够一下抓住眼球。

②选题实用、有趣，或者能够引起共情。

③文笔生动、图文结合，或配合小视频，易于浏览。

④有一定的话题性，适于评论和转发。

同时，我们应该顺应受众的信息获取习惯，加以应对，写出他们更喜欢的文字（见表1-1）。

表1-1 应对信息获取习惯，写出受众更喜欢的文字

信息获取习惯	应对方法
快餐化	使用较为轻松的语言风格或者借助精彩的小视频；文章控制在一定的篇幅内，每段文字不宜太长；配以贴切、生动的图片，注意排版，以使读者阅读更轻松
个性化	针对细分受众写文案，当涵盖多个群体时，根据受众群体做出相应的内容调整，选择不同的平台或者账号推送
敢质疑	写作逻辑要严密，对数字、日期和涉及的事实认真核实，不留"后门"
爱参与	有意识地引导互动或者制造话题，鼓励受众参与讨论和转发
更功利	让文案内容更实用、有趣，或者能够引起共情；要给受众足够的理由去浏览内容
一秒党	标题尽量生动、吸引眼球，能够让人一看就懂，避免晦涩

1.4 文案写得出神入化，才能创造销售奇迹

朋友刚创立的公司曾想找人长期代写文案，于是联系了一圈，结果发现报价天差地别，有每篇100元的，有每篇500元的，还有每篇3000元的。

他顿时蒙了，问我："这该怎么选？"

我问他："你找人写文案的主要目的是什么？是品牌宣传还是销售产品？"

他回答："销售产品。"

我给了他一个建议，给这些备选者一个相同的素材，让他们写一篇产品销售推广文案，然后评估一下谁的文案更能卖出产品。不过从长远看，写产品销售文案一定要招专职的员工，使收入和绩效考核挂钩。

直白地说，能帮人赚钱的文案必定更有价值。

基于这一点，我们该如何通过文案实现自己的价值呢？主要有以下几个路径：

- ☆ 营销产品
- ☆ 吸引流量
- ☆ 推广品牌

你或许会想，除此之外，还可以去写征文啊，有奖金的那种。当然可以，不过写征文很难常态化，而且有的征文活动其实是在换一种形式做品牌推广，所以就不单独介绍了。

我们重点看一看怎样有效利用上面列出的3个主要路径。

路径一：营销产品

前文提过，商业性的文案传播目的就是"抓住眼球→刺激痛点→实现转化"。让受众通过阅读你的文案，转化为购买产品或服务，这是变现最直接的路径。

在这个时代，如果想卖东西，那是非常简单的事。除了卖自有产品，许多电商平台或者营销社群也都能提供商品让你通过文案去带货，他们帮你"一键代发"，而你要做的只是把营销文案写得足够好，做好销售转化就可以了。

营销产品的文案肩负着两个任务：一个是建立起受众对产品的信任；另一个是给足受众购买这款产品的理由，即你推荐的产品能够带来什么特殊的体验，或者能解决什么必要的问题。

比如销售一款袜子。如果你自带粉丝，那能让他们信任你最好，否则就可以用图片、厂家背景、质检证书、用户评价等做背书。你还要讲述出它能够帮用户解决的问题。比如纯棉吸汗，不臭脚；舒适透气，不闷脚；薄厚适中，弹性好；袜口宽松，不勒腿；袜头、袜跟加固，不易磨损……还可以介绍立体裁剪、做工精细、价格特惠、少量供应等特点。另外，选择大家需要换袜子的季节推出，是不是就给足了消费者尽快去下单的理由？

这类文案的基本要素是：

①要销售的是什么产品？

②它能给用户带来什么好处或者解决什么问题？

③相比其他同类产品，这个产品的优势在哪儿？

④为什么在你这里购买？

⑤如何方便快捷地实现购买？

做到了这些，如果你的文案是帮别人写的，那么就可以圆满收工了。但如果是为自己的销售账号所写，接下来还一定要推广出去。

路径二：吸引流量

你坐地铁的时候，有没有遇到过有人拿着二维码对你说："我们在创业，求关注微信。"或者在广场、马路边看到有人拿着小礼品赠送，吸引人扫码。

他们在干什么？

他们在获取线上用户。

在互联网行业有这样一个共识：用户＝流量＝金钱。

因为流量可以变现，许多商家还会专门花钱买流量。这里有一笔账：只要商家通过流量变现的收益大于购买流量的投入，那么就是赚钱的。

作为文案创作者，其终极目的也正是通过文案来吸引流量，然后再将流量变现。流量变现的方式包括：

①广告。

②向第三方导流。

③获取打赏。

④吸引读者注册会员、收费阅读。

⑤平台奖励等。

运用广告和向第三方导流变现，都是标准的媒体获利模式，也是最常见的变现方式。用户到你这里来浏览信息，顺带就看了你的广告，甚至可以点击广告或者链接去买东西。和运用营销产品变现有所区别的是，你的文案可能和广告内容或第三方链接没有任何的关联。这种方式是最容易操作的，各家自媒体平台都提供插入广告或向第三方导流的选项，你只要勾选上就可以了。

多数自媒体平台都对符合要求的创作者开通了"打赏"功能。受众如果喜欢某篇文章或认同某个观点，就可以自愿向作者发送现金奖赏，以鼓励作者创作更多优质的内容。

头条、微信公众号等平台还对特定用户提供收费阅读功能。如果你能够持续输出有价值的系列专栏、知识或者连载内容，实现阅读收费会更容易。会员制也是一种不错的变现方法。在互联网上，创作者多采用广揽用户低收费的策略。只要你写的内容有意思，就会有人付费。我的一位朋友在今日头条上有大约7万的粉丝，他所写的两个读书笔记专栏竟都有着近千份的付费订阅，每月都能分别获得数万元的收入。

部分平台还有流量补贴或者创作奖励。例如，在头条，无论是图文、微头条还是短视频，都会有流量补贴，只是金额比较低。不过头条、百度百家等平台会定期或不定期地推出创作任务，有一定的奖金激励。

吸引流量进而变现的路径适用于绝大多数的文案创作者，因为文案创作者的任务只是吸引流量，爱写什么、能写什么就写什么，受到的约束较少。但和营销产品变现相比，这还不够直接，所以收益通常也不如营销产品来得快。

路径三：推广品牌

通过推广品牌实现变现也是传统的媒体获利模式。这对文案创作者有两点要求：一是有一定的写作基础，能够得到客户的认可；二是有途径可以接触到有发布需求的客户。

这是比较被动的变现模式。

不过，确实有很多企业有这方面的需求，包括创作需求和发布需求。当你的自媒体选在某个垂直的领域，而且获得了足够的关注，一些企业或机构会主动找你合作。

2016年，我们做了微信公众号"电影手艺人"，定位为整理和分享电影制作的技术知识。在开始运营后不久，粉丝刚刚突破4000人时，就签下了一家影视机构15万元的采购协议。对方是看中了这个公众号在影视制作小圈子里的影响力，想借此进行一系列的品牌推广。

试想，当时的"电影手艺人"只是新运营不久的微信公众号，它的变现能力就已经不容小觑，至于个别自媒体大号，其发布一篇品牌推广文案的收费更是能高达数万元。

以上3种通过文案赚钱的路径，不管选择了哪种，落实到具体写作上，要想更好地变现，还应该注意以下3点。

注意一：锁定领域，做细分的账号

在探讨当下受众的信息获取习惯时曾经提到，人们越来越倾向于关注精准的个性化内容，商家也更愿意把钱花到客户精准的自媒体账号上。

所以，你的文案要变现，最好是锁定某个领域，尽量做细分的账号。

比如做针对K12（基础教育）的内容，你同时针对小学、初中和高中，一定不如针对其中某一个阶段更受欢迎。同理，你同时针对高一、高二和高三3个年级，也一定不如分成3个账号，只针对其中一个年级更受欢迎。

我曾建议一个朋友公司的公众号叫"初中语文课",名字比较细分了吧?内容只针对初中阶段的语文作文写作,在停发内容许久后,这个公众号每天还在自然涨粉。

此外,领域的选择也非常重要。有些领域,例如历史、军事、八卦、猎奇、社会评论类的账号,获取粉丝关注比较容易,但这些账号与商业结合较难,而且粉丝在消费方向上并不细分,变现能力就会相对弱一些;而教育、科技、时尚、母婴、商业评论等类别的账号变现则相对容易一些。

注意二:形成自己的风格

风格可以成为作品的标签。

这个"风格"包括选题的风格和表达的风格。它在我们的作品中保持一惯性的延续,有助于提升作品价值。

"差评"是一个比较有代表性的账号。它定位为"一个主打犀利互联网评论及分析"的科技自媒体,重点介绍互联网新产品,科普专业知识,同时报道各类人物。选题内容涵盖大公司以及各类硬件、软件等相关的资讯。评论的风格的确比较犀利,受到了一些"技术控"的欢迎。

还有一些新媒体账号,它们大都风格明显,选题偏爱制造焦虑,文风倾向嬉笑怒骂,一度大大圈了一波粉丝。

提到这些并不是要大家去模仿它们，而是说形成自己的风格非常重要。作品的风格标签明显，才更容易吸引特定的人群成为粉丝，也更容易招徕客户，实现后续的变现。

注意三：切实为用户解决问题

仅仅在第一章里，已经多次强调要为用户解决问题了，这是因为互联网思维的核心就是"以用户为中心"。

互联网用户的"功利性"督促着文案内容需要更实用、更有趣，或者能够引起共情。所以，写文案的时候应该尽量站在为用户解决问题的角度。

例如，2020年的一件大事——15个亚太国家正式签署了《区域全面经济伙伴关系协定》（RCEP）。如果你在自媒体上写"历史性突破！RCEP正式签署，世界最大自贸区诞生"，说实话，我感觉可看性不高，因为我不知道这事和我有什么大的关系。如果我想了解新闻的话，有官方媒体，而且比你权威。

但是，如果把角度选择为"RCEP正式签署将如何影响咱们普通人的生活？福利盘点来了"呢？我会马上点进去看看。因为这个切入点正好回答了一个我格外想了解的问题——RCEP正式签署了，到处都在宣传，那么它到底会对我的生活产生什么样的影响呢？

你能帮助用户答疑解惑或者解决问题，用户当然愿意给你带去流量。

PART 02

第二章

优秀的文案创作能力都是练出来的

今日头条副总编辑徐一龙是资深记者出身，在内容生产和内容分发领域都有着较长时间的职业积淀。在我的上本书出版时，他向我表达了对写作的看法：

> 写作是一门技术活，而技术活都有一个共同的特点：它可以通过反复训练来提升所需技能。
>
> 在我完全意识到这一点时，已经在媒体这行工作了五六年了。此前，我倾向于认为写作与天赋相关。是的，确实有关系。但你如果从事超级严谨的写作工作，反复训练之后，即便不是天赋异禀，也可以在这一行干得出色。而且即便是天赋异禀的人，也需要训练，马克·吐温和海明威都提到过最初的报社记者的训练对自己作家生涯的帮助。

请留意第一段话——"写作是一门技术活，而技术活都有一个共同的特点：它可以通过反复训练来提升所需技能"。

对此我非常认同。

写作是一门技术活，而技术活是可以训练的。这句话再延展一下，即可以训练的东西要想快速提升，是有捷径的。

本章我们就来探讨一下与文案创作相关的捷径。

2.1 下笔前必须要问自己的 4 个问题

孔子曰:"工欲善其事,必先利其器。"意思是,工匠要想把工作做好,首先工具一定要锋利。

这反映在文案创作上,"利其器"就是下笔前要做好构思。

不过,有文案创作者问我:"我努力构思了,还列了提纲,但写出来仍然感觉不满意,为什么呢?"

我问:"哪里不满意?"

他说:"感觉没有戳中用户的痛处。一篇文案也不短,却又总感觉没有把话讲完。"

他发了自己写的一篇文案给我,我读下来发现情况确实如他说的那样。又问了他的构思与写作步骤,感觉问题还是出在了前期的构思准备阶段。继续沟通下去,我发现他在构思时忽略了几个一定需要弄清楚的重要问题。

我们来做一个思路整理表,如表 2-1 所示,然后为每个问题找到准确、具体的答案。因为表格里的这几个问题可以帮我们找到文案构思的出发点,所以我称之为"利器之问"。

表2-1 "利器之问"思路整理表

Q	A
写这篇文案的目的是什么?	
我要写给谁看?	
让他在哪里看?	
最终实现什么具体目标?	

我们来逐一分析这几个问题和它们应该得出的答案。

问题一:写这篇文案的目的是什么?

写一篇文案总是有目的的,第一个问题就是要把这个具体的目的找出来——是销售、圈粉、"种草",还是单纯的产品宣传或者品牌宣传?

自2019年年初开始,我相继帮30多位企业家策划知识带货课程。其实,这些课程也是由一篇篇的文案构成的。整个企业家带货流程是这样的:企业家根据自己从事的行业或者管理专长设计知识类课程,通过课程建立学员对他们的信任,最后达成企业家的带货目的。

策划阶段,我首先会问他们:"做这个课的目的是什么?"

有的企业家会直接回答我,想树立个人品牌,或者是想拉动销售,也有企业家会谈理想、谈愿景。

一位食品生产企业的老板就说:"我要让我的企业品牌成为世界驰名商标。"我连忙让他打住,因为这个目的虽然很伟大,但也太虚了,一个公司年营收一两个亿的企业家谈这个为时过早。然后,我引导他去思考"功利"的目的。

终于,他说出他想发展"城市合伙人"。

这就对了,无论是想直接销售产品,或打造产品品牌,还是发展加盟商、城市合伙人,这个目的总是具体的。

找到写一篇文案的具体目的,就像医生给病人的病情找病因,判断越准确,后续的成文转化才越有效。因为要实现不同的目的,写作方向和素材选择一定是不一样的。

就像要销售产品,一定要讲这个产品能够解决什么问题,特点是什么,性价比高在哪里,为什么要从同类产品中选择它;如果想圈粉,一定要侧重体现关注自己能带给大家什么好处;如果想"种草",一定要讲这个产品的外在多么吸引人,如何有品位,使用体验有多么好……而如果想融资呢?则要强调技术有多么先进,市场份额多么领先了吧?

是不是区别还挺大?

问题二:我要写给谁看?

回答写给谁看,是要搞清楚你的文案目标受众是谁。

受众是可以贴出各种各样的标签的。写作目的不同,受众就会不同,而不同受众群体的习惯、偏好和需求也会不同。即使在有着相同标签的人群中,也可以进一步细分。

从大的分类上来说,我们可以把目标受众分成这样几个群体,如表2-2所示。

表2-2 文案的目标受众群体

群体	角色	关注角度
客户	产品购买者	产品的价值、社会评价和性价比
用户	产品使用者	产品的实用性和易用性
媒体	传播者、社会监督者	创新性和社会价值
销售商	销售产品获取利润	盈利空间
投资人	投资企业和产品	企业发展策略、创新与社会评价、增值空间

我把客户和用户分成了两个群体。

客户是产品的购买者。他买了产品后可能自己用,也可能给别人用。客户会注重产品的价值、社会评价和性价比,尤其他想给别人用的时候,更会关注这个产品值多少钱,功能有什么,品牌有没有知名度,产品有没有缺陷,等等。

用户是产品的使用者。他往往会更关心产品的使用体验,特别是这个产品是不是适合自己,用着是不是顺手。针对用户的文案,要从产品的"实用性"和"易用性"上多着墨。

客户和用户多数时候是一致的,但有时会有不同。例如,孩子的衣服和教育类产品,家长是客户,而孩子是用户;子女买给老人的产品,子女是客户,而老人是用户;我们送出的礼品,送出者是客户，接受者是用户等。

在客户和用户不一致时，我们的文案就要确定两者谁是目标受众，也就是文案要去打动的那个人。通常来说，带货文案主要是写给客户看的，让客户感觉你的产品很符合他的"价值判断"，让他认为具有非常强的实用性，值得购买。

当然也有个案，例如你笃定产品适合女孩子用，但节日时她们的男朋友也会给她们选择礼物，这时候你就不仅要想尽办法打动女性用户，也要想尽办法打动男性用户。

确定了大的受众群体，我们还要尽量将受众细分。当你把目标受众圈定得越精准，对他们的行为习惯和需求了解得越清楚，文案最终所能达成的效果才会越好。

在给目标受众画像时，地域、性别、年龄、消费能力、消费习惯、日常喜好等都可以作为综合考虑的维度。

而且确定了目标受众之后，回过头来就可以进一步做受众需求分析。例如，他们的产品应用场景是什么样子的？购买、使用流程是什么样子的？产品选择偏好是什么样子的？了解清楚这些，文案才能有更强的针对性和代入感。

问题三：让他在哪里看？

你知道了写文案的目的，知道了给谁看，还需要搞清楚让受众在哪里看。

越来越多的平台上所汇聚的都是特定的人群，他们对内容的需求也各有各的特点。比如抖音的内容更偏娱乐化、文艺范儿；而快手的内容则更偏实用性，表达也更直接。

入乡随俗，符合相应平台的内容规则才更容易被该平台上的受众接受。

首先，文案发布平台的选择关系着文案写作的风格和表达方式。

写作风格和表达方式与其他平台文案差异最大的，是电商文案。它不需要一般文案所必需的铺陈，也不需要营造代入感，而是直接将产品的特点、特性，甚至参数配合精致的图片进行展示。

每个平台都有着自己相对独特的文案风格，所以有的平台更适合"种草"，有的平台更适于销售，而有的平台只适于品牌塑造。当你选择了某个平台作为文案发布渠道的时候，其实你已经在风格和表达方式上做出了同步选择。

个别平台甚至有着专属的用词，例如"亲""老铁"等，要留意区分使用，别走错了"片场"。

其次，不同平台的选题角度有所不同。

知乎的内容产品对接人曾告诉我，知乎上有相当一部分用户接近"科学控"，对科学性话题的热衷明显高于其他同类网站，他们更喜欢深究现象背后的原理。比如你想在知乎上发布一篇美容产品的文案，如果你从这款产品能够让使用者多么美来着墨，恐怕响应者寥寥无几。在这里，正确的打开方式应该是"这款产品为什么能够让使用者变美"。

但到了小红书上，同一款产品，你的角度应该是它可以让使用者变得多么美；而到了媒体平台上，你的角度则需要转换为第三方，尽量以一种客观、理性的口吻向受众进行推荐……

最后，各个平台的传播特点有所不同。

可以传播文案的平台非常多，有微博、微信、头条、知乎、小红书、百度知道、电商平台、媒体网站等。但是，它们的传播方式和特点却不尽相同，所以文案的着力点也应该不同。

我们可以把目前市面上主要的文案发布平台列为以下几类：

☆ 社交类媒体

它包括微博、微信、微头条、小红书等。它们最大的能力是调动网友的参与互动，形成裂变式传播，内容多轻松易读，最好有一定的话题性。

☆ 问答类媒体

它包括知乎、百度知道等。通过问答，以知识的形式进行传播。

☆ 电商类媒体

它指各电商平台。电商平台作为传播信息的媒介，当然也具有媒体属性。这类平台以销售为导向，更适合标准化产品的传播。

☆ 资讯类媒体

它包括头条、媒体网站等。这是相对传统的媒体形式，除平台提供的链接外，大都限制直接销售产品，所以比较适合品牌或者"种草"内容的传播。头条等部分平台有算法推荐的机制，如果选择它们作为文案发布渠道，要注意适应规则，以获得更多曝光量。选择这类平台的文案还应该注意关键词优化。

在回答这个问题时，最好能列出具体的媒体名称，以针对性地迎合其特点。

问题四：最终实现什么具体目标？

这是最能保证文案转化效果却又最容易被忽视的一个问题。多数人写文案时，能自问到前3个问题就已经不容易了。

我为什么特别重视这个问题呢？因为曾经听到不少朋友或者同事抱怨："我的文案怎么没有效果呢？"

目标决定效果。你自己都没有给文案制定具体目标，效果当然难以保证了。

比方你刚刚做了计划，想开始赚钱，半年后买辆车。这算制定目标吗？算。但如果仅此而已，半年后你的计划可能仍然只是计划。

想实现目标，一定要制定具体的目标，例如"半年后我想买一辆价格在8万元左右的某品牌的车"。

有了这个具体的目标，你就会自然而然地考虑："我现在每个月收入6000元，省吃俭用除去各类开销，可以攒下4000元，那么半年后攒下24000元。加上以前的积蓄30000元，再贷款26000元就可以了。"

如果没有"价格8万元"这个具体目标，你就没法儿算这笔账，也不会分解出每个月努力攒4000元的小目标。

这就是制定具体目标的重要性。

给文案制定一个最终实现的具体目标也是这个目的。有了目标，我们才能够考虑实现这个目标所需要的手段，或者需要匹配的资源。反之，有了这些手段和资源，也才可能促成这个具体目标的实现。

例如，你接到任务，写一篇销售冰糖橙的文案。如果只是以销售为目的去写，你一定想，有什么素材就用什么素材好了。结果呢？文案发出去可能销售100箱，也可能销售30箱。老板不满意。

你如果写之前问一下："打算卖出多少箱？"

"1000箱。"

这1000箱就是具体的目标了。不过，如果你平时一篇文案最多只能卖100箱，这次却要求卖1000箱，一定不可以常规操作了。你必然要考虑怎么去卖，要不要降低价格推出优惠？要不要实行买赠活动？要不要做拉新奖励？要不要导入流量？需要导入多少流量……

测算出来，确定了实现方法，再去写文案，想获得的效果也就容易达成了。

2.2

10w+爆文创作的5个套路

提到自媒体,大家就会想到"10w+"。尤其是自媒体人,如果谁没写出过10w+的爆款文案,介绍都会觉得不好意思。

但事实是,多数创作者要写一篇10w+的爆款文案并不太容易,所以他们往往会羡慕另一些创作者写起来如鱼得水,隔三岔五就能来一篇。

时常有开始写作不久的朋友问我:"写10w+的爆款文案有技巧吗?"

我的回答是:"有啊。你多留意观察,不仅有技巧,还有相对固定的套路呢。"

曾有一段时间,知识付费课非常热门,但同一门课在多个平台上的销量却相差甚远。通过认真研究,我发现最大的原因是在推广文案上下的功夫不一样。比如有的平台推文做得非常好,篇篇都是爆款。他们的课程重点选择了几大类,比如赚钱、变美、职场进阶等,都是网友普遍关心的话题,推文则有着相对固定的套路。

我们以一篇教人赚钱的课程推文为例。

第一部分：有人赚到钱了！

话说身边的某个人，这个人能力一般，只能领着固定的低薪，平时一分钱掰成两半花，手头紧张得很。但短短几个月没见，人家突然有钱了，一改往日的抠门，变得豪气阔绰，买了价值几万的包包、几十万的轿车、几百万的豪宅，春风满面，早些年愁掉的头发恨不得都长回来了。

什么情况？告诉你：人家赚到钱了！

咋赚的呢？一般人我还不告诉他，我来告诉你吧——人家学了一门新技能！还只花了99元，从网上听听课就学到了。

第二部分：一个大师登场了！

你一定以为这个大师往日是和你我一样的普通人……错了，发掘一下这个大师的历史，比你我还差！例如，小时候家境不好，干过不少遭人嘲笑的笨事儿；长大了做生意，亏了几百万，债主找上门，女朋友也跑掉了；屋漏偏逢连夜雨，倒霉事儿还遇到不少……

如果我们是他，搞不好早就自暴自弃了。但大师没有，他发愤图强、挑战命运、逆袭自我,终于……成功了!而且受到许多名人的肯定,许多大家的支持,走路都自带光环。

大师有没有实现财务自由?太简单了,连他的一大帮弟子都实现财务自由了!

这么厉害的人,这么一个往日还不如你我但现在已经甩了我们无数条街的人,你不想听他教你发家致富赚大钱吗?而且课程超便宜,只需要99元!

第三部分:大师的招数一学就会!

快去听课吧!大师会教给你这些可以一学就会的知识:一是……二是……三是……

第四部分:再次催促你下单!

课程超便宜,只需要99元哦!比你和朋友下馆子还便宜!

我们回头总结一下这篇文案:

第一部分,传递的信息是有人赚到钱了。

第二部分,这位大师和我们的经历差不多,甚至比我们还惨,他能成功我们怎么就不能呢?

第三部分,强调大师可以教给你下面的知识。这些知识你看着还挺有用。

第四部分,再次强调课程费用不到100元,比去餐馆请朋友随便吃顿饭都便宜。

进一步总结,你就可以发现其中的"套路"了:

第一步,分享成功案例,吸引好奇心。

第二步,细说大咖,建立信任。

第三步,介绍亮点,强化吸引。

第四步,引导购买,完成转化。

这种模式是不是也并不复杂?

如果再看到认为不错的爆款文案,你也可以用这种分解总结的方法进行分析,掌握其中的写作技巧,甚至套用到你的文案上。

不过,这些套路都是表象的,模仿套用只能解决一时之急。如果你想独立写出爆款文案,就要了解创作背后更深的几点逻辑。爆款文案需要具备下面几个特点中的全部或者部分:

⭐ 跟热点

⭐ 抓眼球

⭐ 博共情

⭐ 现不同

⭐ 用金句

接下来,我们逐一来了解一下这些特点。

特点一：跟热点

我们都知道，热点话题自带流量。跟热点是快速获得关注度和高流量的捷径，爆款文案更是将其运用得格外娴熟。

当一个热点事件出现，必定有许多文案循迹而来。不过，往往只有出现较早、能够掌握进展或者解读角度较为新颖的文章，能够获得流量红利。所以爆款文案要么跟热点比较及时，要么角度较为独特，甚至二者兼而有之。

2020年10月，一位家长在自己发布的短视频中大呼："我就退出家长群怎么了！"这位家长认为：老师要求家长批改作业、辅导功课，使得自己承担了老师应负的责任和工作。

这一事件很快成为社会热点，众多自媒体纷纷跟进。于是，讲述事实本身的、评论教育现状的、质疑家长的做法是否得当的……"家长退群"一事引爆了一大波文案。但很快，围绕事件本身，该说的话都说过了，如果没有第一时间跟上，再出爆款就很难了。这时，有文案选择了"多少中年父母的崩溃，从家长群开始"作为角度，再次收获了10w+的流量。

热点话题，包括形成了一定社会影响或者名人效应的事件，也包括一些特殊的时间节点和现象，例如春节、春运、春晚、情人节、中秋节、高考、中考等，还有一些特定的纪念日、赛事和颁奖礼等。

此外，也存在一些长期的热点话题，例如情感问题、社会焦虑、孩子教育等。只要找到稍微新鲜的切入点，就能随时引发广泛关注。

特点二：抓眼球

前文提到，标题对文案有着"决定生死"的重要性，爆款文案标题的一个共同点，就是抓眼球。

如何制作抓眼球的标题的技巧，我会在后面的章节讲到，在这里，我们重点来看爆款文案较多使用的标题有什么特征。

①触发焦虑。美国著名社会心理学家亚伯拉罕·马斯洛提出了一个需求层次理论。他认为人的需求由低级到高级，有生理的需求、安全的需求、归属与爱的需求、尊重的需求和自我实现的需求五个等级。其中，越低级的需求越直接关系到个体的生存，当受到威胁时，也会越容易产生焦虑。

一些爆款文案正是通过触发甚至给受众制造焦虑，引发关注，换取流量。例如：

你嘴边的外卖盒，可能曾是废尿袋：每一种罪恶背后，都是麻木的纵容！（点评：够恶心吧？这关系到自己的饮食健康啊！）

挤了一颗痘痘，女子高烧昏迷进了ICU……这地方别乱碰！（点评：够可怕吧？一颗痘痘影响到生死！）

富不过三代，如果不改掉孩子的这些坏毛病，你家也会！（点评：够惊心吧？涉及子孙后代的财富传承啊！）

②够实用。刚有孩子的新手妈妈为什么会特别关注育婴知识？因为它有用。上了年纪的中老年人为什么会关注养生内容？因为它有用。在各个传播渠道中，知识技能、经验介绍、实用信息等都是非常受欢迎的内容。

实用的标题预示着内容至少能够解决受众较为关心的某一个问题。有相当数量的爆款文案有着足够的实用性。例如：

路由器要不要关？80%的人都做错了，难怪信号越来越差！（点评：不少人家里的路由器信号确实越来越不好。）

护肤，这关键的一步绝不可少！（点评：护肤，女孩子绕不过的话题之一。）

小公园里也能拍出大片感觉！实用的手机人像摄影技巧大全（点评：不只是女孩子关心，也是为女朋友服务的必备技能。）

③够八卦。大多数人天生都有一颗八卦的心。名人八卦、奇闻逸事、家长里短、趣味谈资，都有一批不小的"看客"。例如：

为何非洲人渴死不挖井，饿死不种地？真相没那么简单！（点评：还真是冷知识。）

22岁女生创业身价78亿？不过是又一个成功学包装商品（点评：有人翻车了？）

比谁的妆容更吸睛吗？那么，一定是这些男明星赢了（点评：这是在夸男明星吗？）

④能够触发多数人的情感。如果一个标题所讲的事让你格外气愤，你会不会点开看一看？如果它让你感觉到同情呢？相信大多数人都会点开看一看这篇文案。

爆款文案还会直接将文案创作者自己的情绪传达到标题里，进而影响受众的情绪。它以情感做代入的"钩子"，对特定的人群更有吸引力。例如：

这是谁的悲哀？！学生和老师在课堂上互扇耳光（点评：这的确很悲哀。）

如果家乡可以实现梦想，谁还愿意去远方？（点评：生活确实令人无奈。）

特点三：博共情

一些爆款文案会利用标题触发多数人的情感，这种手法就是博共情。"共情"在这里不是心理学中的概念，而是借用为"深入受众内心,获得其情感的认同和共鸣"。

博共情的文案通常借助某个话题,触达受众心中某个柔软或者隐痛的地方,进而引发他们与自己同病相怜抑或同仇敌忾。这类文案更容易被受众评论和转发。

来看公众号"温书先生"的一篇10w+文案——《男人想你了,微信上会给你发这5句话,别不懂》,我们摘录其中部分内容:

> 看过这样一句话:浮世三千,吾爱有三,日、月与卿。日为朝,月为暮,卿为朝朝暮暮。
>
> 确实,当男人越是喜欢一个人的时候,越是会想念她,恨不得时时刻刻都能和她在一起。
>
> 他的喜欢,他的思念,也会通过各种各样的方式表达出来,有时候他发出的微信,就会暴露他的心思。
>
> 一般来说,当一个男人在微信上给你发这几句话的时候,就代表他一定是在想你!
>
> 1.你在干吗
>
> ……男人每一句"你在干吗"的背后,都藏有一个踌躇许久、忐忑不安的心思:既是万分想念,又是小心试探。
>
> 因为想你,所以想知道你此时此刻在干吗,想知道你的一举一动,想知道你是不是如他一般在想念对方。
>
> 因为怕打扰你,所以才小心翼翼地问候你;

因为太在乎你，所以才情不自禁地关心你……

2.吃饭了没

……大多时候，男人不懂如何去表达自己的心思，他们只会用最简单也是最笨拙的方式去表现。如果一个男人在微信上问你吃饭了没，说明他真的想你入骨了。

3.不用担心，有我在呢

……

摘录中的省略号略去了大量的内容。

作者详细讲述了代表着"男人想你了"的5句话，如果你是一个热恋中或者恰好有了心仪对象却还没有捅破窗户纸的男孩，会不会感觉作者说得太对了，说出了自己的心里话。然后转发出去，暗示女孩子："看，我也是对你说这些话的，知道我有多爱你了吗？"

而女生呢？看到了，认真想一想："嗯，我的男朋友真的是这样子的……"然后转发出去，秀一把小幸福。

这就是博共情的巧妙之处——让被引发共鸣的受众自觉地转发传播。

再例如，"亲爸后妈把4岁女儿虐待濒死，还是人吗？！"这个话题带给受众的是气愤与不平。"对孩子的关爱和对其亲爸后妈的愤怒"的共情带动了话题的广泛关注与传播。

特点四：现不同

现如今，高血压已经成为常见病、多发病。前段时间，一位朋友做体检就查出了高血压。我也有些担心自己，于是特别留意了预防高血压的文案。

应该怎样预防高血压呢？方法基本上是这样子的：坚持适度锻炼；调整心态，别焦躁、别生气；生活规律，劳逸结合；合理膳食，少盐少糖；戒烟戒酒，少喝浓茶。

这些文案我看了都觉得了无新意，更别说那些平素就比较注重健康的受众了，所以这类文章获得的流量普遍很低。

但假如，你突然看到一篇文案，是"高血压预防，可以一'爬'永逸"呢？它告诉你：人类之所以容易得高血压，是因为直立行走增加了心脏向全身输送和收回血液的压力，想预防高血压啊，应该多多爬行。因为爬行时，全身和心脏在差不多的水平线上，心脏压力就减小了……

我们暂且不论这种说法有没有科学依据，但乍一听可能会觉得："嗯，这个内容与众不同。"再想一想，似乎还挺有道理。于是，你将这篇文案分享出去的概率要远远高于之前提到的常见文案。

爆款文案通常会刻意表现出自己的与众不同。

有时候，这种与众不同表现在它追踪事件发展的速度比别的文案快；它对同一事件的视角别出新意；它有区别于常人的方法论和世界观……总之，它给人一种感觉，就是"鹤立鸡群"。

表现与众不同是件好事，尤其受众本身更愿意看到与众不同的内容。但一定要把握度，否则很容易步入唯流量至上的歧途，甚至置事实于不顾，产出反智的内容，最后被用作反面案例。

特点五：用金句

  海内存知己，天涯若比邻。

你是因为喜欢这句诗才记住了王勃和《送杜少府之任蜀州》，还是因为记住了王勃和《送杜少府之任蜀州》而喜欢这句诗呢？我相信一定是前者。这就是金句的魅力。

许多时候，我们读完一篇文章，最终可能什么具体内容都没有记住，但会被一两个蕴含哲理的金句触动心弦，进而喜欢上这篇文章。爆款文案大多会适当地借助金句，起到画龙点睛的效果，使人感觉不落俗套。

新华社的公众号有一个"夜读"小栏目，积累了大量的拥趸，推文发出短短几十分钟阅读量就能突破10w+。每篇推文最显著的特点就是妙语连珠，必定有令人印象深刻的金句，例如：

  日子，带着平淡一天天走远，而我们，只是默默相送，与光阴聊着寻常。

  再执着的人，有一天也会因岁月的无常而变得淡然若水，感谢时光，让我们懂得，珍惜当下所有。

成长的路上，看开，看淡，一切随缘。活成自己最喜欢的样子。

"成长的路上……活成自己最喜欢的样子"，是多少为了生活辛苦奔波的人的梦想？有的金句可以引起读者的共鸣，而这一句则唤起了读者的憧憬。

金句能够表达出文案创作者的情绪和观点。爆款文案应该是鲜活的、有情绪的作品，金句往往就是点睛之笔。

到这里，我们总结了爆款文案通常具备的5个特点（见图2-1）。

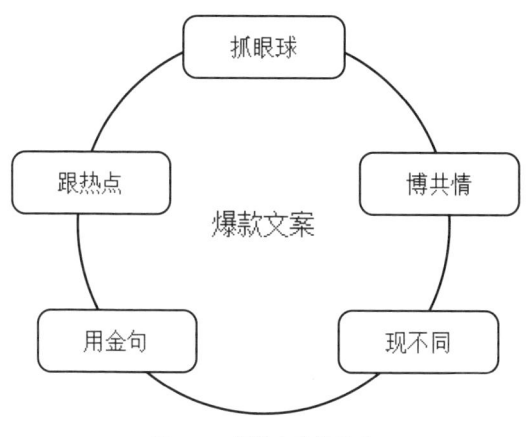

图 2-1 **爆款文案的特点**

虽然了解了一些套路，但要想把创作爆款文案变成自己的一项能力，还需要更详细深入地掌握高品质文案的创作方法和技巧。在后面的章节中，我将逐一拆解、分析。

2.3

刻意练习有3勤：
手勤、腿勤、脑勤

我们从小接受的教育，其中一点就是"勤能补拙"。学校的走廊里，通常会挂着提示我们要勤勉的标语："书山有路勤为径，学海无涯苦作舟。"

既然勤能补拙，那么写作的"勤"应该落在哪里？

答案一定不是简单的"写"，因为那就变成在电脑上练习打字了。

我有一位朋友，工科背景出身，后来读了MBA。读完之后，他决定做公众号，主要写对科技行业的观察和思考。

开始的时候，他几乎把每篇文章都发给我看。毫不避讳地说，他的文笔不太好，句子上总会出现硬伤，很多时候阐述的观点也并不新鲜，甚至只能算泛泛而谈。

但他非常勤奋，即使工作再忙，每天也会抽出一两小时来完成一篇文章。半年之后，我发现他的文章语言变得流畅了，内容也越来越充实。再后来，他的一些观点开始被人引用。到现在，他早已是圈里小有名气的自媒体人了，甚至可以和国内知名企业的创始人流畅地探讨行业发展。

聊起他的成功经验，他认为自己做到了这样几点：

①能够发现自己的短板并不断弥补。

②对别人的观点不断思考、判断和吸收。

③融入了行业的圈子。

我的这位朋友总结得很好。我们可以看到，他的"勤"体现在3个方面：手勤、腿勤、脑勤。

手勤是要能够做到坚持写，不是一两天，而是经年累月。

我们应该都有体会，连续写几天还可以，但要坚持几个月甚至几年，太难了。它难在过一段时间会发现没有东西可写，更难在我们某日一旦开始偷懒就会逐步懈怠。

我坚持最久的一件事是写日记，从初中开始，连续写了近8年。起初是很难的，每天要记着做这件事，而且要搜肠刮肚地想这一天有什么事情值得写下来。有时候实在没得写，就简单地记录一下当日的心情。

在最初的那段时间，我每天进行的近乎是刻意性写作，即把它当作任务去坚持，不断逼迫自己，让写作和思考成为习惯。直到几个月后，我突破了写作瓶颈，一切变得柳暗花明。我分明感觉写日记已然变成了我生活的一部分，每天不写不快。每到晚上，我会自然而然地取出日记本，完成睡觉之前的最后一件事。

但假如把写作放下一大段时间，再开始写的时候就会发现手生了，要重新写好久才能再次找到感觉。所以坚持写很重要，尤其对于入行不太久的人。

另一点需要手勤的，是养成做笔记的好习惯，将看到的有价值的观点、数据，或者灵光一闪的感悟随时记录下来。

腿勤是要乐于学习、请教，愿意和别人交流。

在对新技术、新理念的认知的更迭上，生活在一二线城市的人往往比生活在三四线城市的同龄人早一些，为什么？因为一二线城市有更多的学习、交流机会。我们去参加行业性的会议、专业的论坛或者研讨会，甚至是聊天，听专家以及有着实操经验的人总结、评判，很轻松地就能汲取到先进的知识。

例如去参加一个饭局，在座的恰好有两位从事在线教育的朋友，那么你很容易就会了解到当下在线教育真实的行业现状是什么样？获客难还是容易，成本高还是低？哪一家因为什么要爆发，哪一家又因为什么要关门？很可能他们在某个观点上还有分歧……这些，不都是鲜活的素材吗？加上分析和佐证，就很容易成为一篇叫好又叫座的文章。

所以，写作也需要腿勤，要多走出去。把耳朵打开，多听圈内的声音，多向圈内人学习，是让自己快速成长的有效方法。

脑勤是指勤于思考。

以我的朋友为例，他的思考主要集中在三个方面。

第一，对自己写作能力的不断反思，发现短板，然后去努力训练、弥补和提升。

第二，对话题的发掘，尽管他选择的是行业新闻，只要新闻不断，话题就相对容易找到，但对新闻内在信息的分析和深究，也是需要勤奋的。

第三，对他人观点的思考、判断和借鉴。我们写一篇文章，并非所有的观点都需要原创。大量的阅读、学习和研讨，可以带给我们新的认知角度和思路，不过更重要的是，我们要能够消化、吸收，并将其变成自己的认知去输出，这样写出的文章才会充实流畅。

PART 03

第三章

打造吸睛标题：8个技巧，提高文章点击率

在探讨当下受众的信息获取习惯时，我们已经强调过标题对新媒体文案的重要性。受众看标题的时间可能只是一瞥之间，如果不能引起他的兴趣，没有点击打开，这篇文章就算白写了，内容再精彩也是徒劳。

相比传统媒体，新媒体文案的标题可以使用的字数多，所以可发挥的余地更大一些。基于此，我把制作标题常用的方法归纳为12个。

①贴近新闻法。即做新闻性的时效性标题，采用凝练的主谓宾或主谓结构，通过标题反映出事件的核心信息。例如：国美App改名为"真快乐"，押宝社交电商。

②设置问题法。通过提问引导思考，强调某些内容或者引发受众的好奇心，吸引住眼球，激发阅读兴趣。例如：22岁女生创业身价78亿？你相信这是真的吗？

③揭示冲突法。把话题的冲突或者矛盾反映到标题里，利用理念、观点或者行为的碰撞吸引人。例如：糗大了！4家知名在线教育机构栽在1个群众演员身上。

④披露真相法。在标题中使用曝光、起底、黑幕、原来是、解密、揭秘等词语做提示，解释事件的真相或者揭开骗局等。例如：曝光！这些"毒饮料"比洗脚水还要脏，许多家长还成箱往

家买。

⑤突出独家法。使用独家报道、独家探访、独家专访、独家调查、独家起底、独家曝光等字眼，强调内容是独一份，不在这里看就会错过第一时间了解相关事件详情的机会，吸引受众的目光。例如：独家｜充电8分钟、续航1000公里遭院士炮轰："PPT造车"or技术变革？

⑥骇人听闻法。借助有一定敏感度的话题，比如生老病死的威胁、对安全的威胁、失去财富地位或机会的可能性等，渲染问题的严重性，使受众点击标题。例如：2—3克就能致婴幼儿死亡！网红玩具中发现这种"毒物"……

⑦利益诱惑法。在标题中突出优惠、福利或者提示可以获得某种收益，吸引受众关注。例如：学会这几个小技巧，高考英语听力拿满分不是梦。

⑧引燃情绪法。作者直接将自己的情绪传递到标题里，以获得共鸣或者影响受众的情绪，引发对话题的关注。例如：揪心！12岁女孩被继母毒打成植物人！

⑨时不我待法。通过渲染紧张的气氛、制造紧迫感，吸引、刺激受众尽快关注某件事或购买某件产品。例如：快抢！今晚8点，最后一批电子消费券开始发放！

⑩实用经验法。在标题中突出经验、知识或者实用信息，以及它能够解决的问题，强调内容的实用性。一定要让人感觉是新知识或者有新知识。例如：抗病毒最关键的食物找到了！家家都

有，关键是怎样吃！

⑪警示提醒法。使用祈使句，传递明确的要求或者建议。警示提醒的内容多数是读者还不掌握，并且如果不掌握可能会引发不良后果的信息。例如：紧急！去过这个超市的，请与疾控中心联系！

⑫趣味八卦法。针对轻松的、娱乐性的话题，使用一些有趣的词语，给人以轻松的感受。例如：比谁的妆容更吸睛吗？不用比，男明星们赢了！

了解了这些制作标题常用的方法，但怎样才能让标题更具有吸引力，从而带来更多的流量呢？其实，这也是有技巧的。

③ 3.1

场景代入：
注意！这事和你有关

    人们对与自己有关的事会格外关注。比如，北京有段路天天堵车，但你只要不走那里，一定毫不在意，可假如是家门口的路要挖开铺管道，你马上就关心起来，因为它会影响你的出行。

    所以，增强标题吸引力的一个非常重要的技巧，就是努力让你的目标受众感觉到："哦，这事和我有关！"

    "有关"，可以体现为有用、有利或有害。

    学会这几个小技巧，高考英语听力拿满分不是梦

    曝光！这些"毒饮料"比洗脚水还要脏，许多家长还成箱往家买

    这是两个还不错的标题，它们有没有改进的空间呢？让我们来分析一下。

    第一个标题是给谁看的呢？那要看标题里涉及的内容。"高

考英语听力拿满分",应该是给高三的学生?但高三学生能经常上网浏览信息的不是太多。另外,关注高考话题的群体还有高三学生的家长,但对他们而言,似乎关联性不是特别强。

第二个标题里有"许多家长",把目标受众锁定为家长,很明确。但我们作为受众看到这个标题时,是不是感觉像在看别人家的事?和自己的关联性也不是特别强。

让我们在标题中强化一下目标受众的身份,可以修改为:

高考生家长注意了!学会这几个小技巧,孩子英语听力拿满分不是梦

曝光!这些"毒饮料"比洗脚水还要脏,你还在成箱往家买吗

第一个标题增加了提示语,强调了"高考生家长",而且祈使句也会使这个标题更醒目。相信家里有高考生的家长看到标题时,注意力会马上集中起来,认真看下去。

第二个标题,把"许多家长还成箱往家买"改成了"你还在成箱往家买吗",把"你"放了进来,增强代入感,让受众一下子联系到自己:"我也在买比洗脚水还要脏的'毒饮料'吗?"

用圈定身份的方法将受众代入标题,想收到更好的效果,可以注意对场景的利用,缩短目标受众的思考路径,更快地把自己和话题产生连接。

我们把上面两个标题再修改一下：

高考生家长注意了！孩子学会这几个小技巧，高考英语听力满分不是梦

曝光！孩子常喝的这些"毒饮料"比洗脚水还脏，你还在往家买吗

第一个标题中的"学会这几个小技巧"修改为了"孩子学会这几个小技巧"，点出了"孩子"，可以让家长头脑中马上产生孩子学习的场景，比"孩子英语听力"更容易产生画面感。

第二个标题是在"这些'毒饮料'"前增加"孩子常喝的"，利用了孩子喝饮料的场景，再与"比洗脚水还脏"结合起来，能够给受众更强的冲击力。

场景代入还可以借助于细节，或者有意拉近和受众的距离。当描述越详细的时候，场景感受就越强，代入感也越强；当表述和受众的行为越接近的时候，场景感受会越强，代入感也越强。

例如，"下锅一炸就爆裂开花，这种鱼千万别吃！内含一级致癌物"中，"下锅一炸就爆裂开花"这一细节增加了题目的画面感，使人很容易联想到自家炸的鱼。

再如，"进口车厘子检出阳性，进口冷链食品还能吃吗？"一定不如"进口车厘子检出阳性，吃水果会传染病毒吗？"因为"吃水果"这个行为比"进口冷链食品"这个名称离我们更近。

3.2

使用问号：
带动受众一起思考

- 车厘子核酸阳性　进口水果应该怎么吃？
- 美国银行分析师：美联储政策正助长美股泡沫化
- 过年还能吃冷冻鱼虾吗？关于冷链食品你需要知道
- 美军驱逐舰进入黑海　俄军迅速派出舰只跟踪
- 专访走红两个月的丁真：他到底是一个怎样的少年呢？

图 3-1　某网站新闻频道标题截图

图 3-1 是从一家资讯类网站截取的部分标题，第一眼看上去，吸引到你目光的会是什么？

多数人的答案是问号——那个上面有着大半个圆弧，下面有个圆点的符号。在一行一行的方块形文字里，这个符号会比较显眼。也就是说，当大量标题聚集在一起时，问号可以让你的标题从一堆标题中"跳"出来，起到吸引眼球的作用。

单纯从吸引眼球的角度讲，冒号和感叹号等标点也有这个效果。不过，疑问句还有更深层的作用。

什么？关于醋的两大功用竟然是假的，我们被骗了太久

在这个标题中，单独看"关于醋的两大功用竟然是假的，我们被骗了太久"完全没有问题，是一个完整的标题。但前面加上了"什么？"作为设问之后，一来会让这个标题更醒目；二来则是表现出震惊，起到了强调的作用。

问号还有更重要的作用——通过提问，带动受众思考，使他们对话题产生更浓的兴趣。

过年还能吃冷冻鱼虾吗？关于冷链食品你需要知道

如果只看后半截标题——"关于冷链食品你需要知道"，大多数人都提不起兴趣，尤其"冷链食品"4个字还不是我们生活中的常用表达。但加上前面的问句呢——"过年还能吃冷冻鱼虾吗？"这个标题马上就和我们贴近了。2020年的冬天，新冠肺炎疫情依然在全球肆虐，进入12月后，全国多地在进口的冷链食品及其外包装上检测的新冠病毒核酸结果为阳性。年关将近，又到了家家户户置办年货的时间，大家看到这个标题"过年还能吃冷冻鱼虾吗？"一定会想："对啊，虽然检测结果为阳性的产

品没有流入市场,但冷冻鱼虾到底有没有隐患呢?过年的时候还能吃吗?我要看看!"

再比如:

> 2020年最slay的15个英语俚语,你知道几个?
>
> 平板支撑每次坚持多久才算合格?坚持一个月能有什么效果?
>
> 那些痊愈的新冠患者,后来怎样了?
>
> 宝宝说话早聪明还是说话晚聪明?脑科学告诉你答案

这些题目是不是都像卖了个关子,挑起了你的好奇心,使你不自觉地围绕着问题思考,更想知道真正的答案是什么。

那么,怎样制作这种含有问题的标题呢?我们以公众号"丁香生活研究所"的一篇推文"吃皮蛋不会铅中毒,它其实比你想的更营养"为例,来看看怎样制作一个"带问号"的标题。

这篇推文说道:

> 每当我们夹起皮蛋,准备大快朵颐的时候,却总有人在我们耳边说:"吃皮蛋会铅中毒!皮蛋里的有害物质有很多,吃皮蛋风险很大……"但其实,现在绝大多数正规厂家的皮蛋都采用了"无铅工艺",可以将铅含量控制在国家规定的0.5毫克/千克以下。跟鲜蛋比,皮蛋的营养价值并不

差，而且，皮蛋里的蛋白质更有助于人体吸收。皮蛋只是一种普通的食物，并不是传闻中的"恶魔果实"。偶尔吃当然没关系，只是要认准大品牌，购买合格产品，另外不要吃太多……

第一步，确定文案的核心内容，即你要向受众传递什么重要信息？

这篇推文的核心内容就是吃皮蛋不会铅中毒，它其实比你想的更营养。

第二步，想一想，对于这个问题，大家的普遍性认知是什么？

对于吃皮蛋，大家的普遍性认知是可能会铅中毒。

第三步，确定使用提问要达到什么效果？

对于这篇推文，要达到的效果就是颠覆大家的认知，告诉大家吃皮蛋没问题。

第四步，抛出一个最能引发受众关注的问题。

我们可以拟出标题——"吃皮蛋会铅中毒？我们都错了！它其实比我们想的更营养"。通过提问，引导受众大吃一惊："难道吃皮蛋根本不用担心铅中毒？"继而自问自答"我们都错了"，强调过往的认知是错误的，再告诉大家，它其实比我们想的还要有营养。

3.3

强化冲突：
展示对立或不合常理之处

我在给企业家策划知识付费课程的时候，发给他们的信息采集表中有一个问题："在专业领域内是否已总结出'方法论'或者持有颠覆性观点？"

为什么提到了"颠覆性观点"？因为越是颠覆性的、违反认知常理的东西，越容易引起人的兴趣。当然，"颠覆性"和"违反认知常理"必须是有理有据的。

例如寻找一个人总难以成功的原因时，通常会想到他是不是能力不足？是不是准备不足？是不是天时、地利、人和方面有问题？但当有人告诉你，每个总难以成功的人，最根本的原因都是"缺乏野心"呢？你一定觉得对方是在胡扯，做事情需要的是能力，与野心有什么关系呢？

于是，这个人告诉你："做事情的确需要能力，但野心是一个人拼搏的动力。一个有野心的人，他知道自己想要什么，所以会不断地学习，即使面对困难也会不折不挠，想尽办法去解决，自己无法解决也会考虑借助外力……这样的人是不是一定会成功呢？"

你听了这个解释，是不是感觉有些道理呢？

> 你屡遭失败是因为没能力吗？归根结底还是缺乏野心

这个标题就是把不合常理的观点"屡遭失败是因为缺乏野心"展示出来，与我们一直固有的认知形成冲突。

再看一个标题：

> 昆明劫持人质案细节曝光：那一跪，跪出了无数人的眼泪……

劫持人质案的现场，有人下跪了。在这种情况下，正常的心理应该是对歹徒的愤恨啊！因为受他胁迫，孩子的亲人才会跪下求他放开被他劫为人质的孩子，大家为什么会流泪呢？这一点不合常理，为标题的内容带来了冲突，吸引着大家继续点开这篇文章看下去。当时的真实情况是：

> 下跪者是一名警察。他想从凶残的歹徒手里把孩子换下来，自己去当人质。为了让歹徒放心，他脱下了自己的衣服，表示自己没有藏武器。他最终甚至不顾屈辱地跪下来，只为用自己的生命来换取孩子的安全。

他这一跪，的确感动了无数人。

借助冲突增强标题吸引力的另一个做法，是把对立的元素同时放到标题里，直接形成矛盾性冲突。

> 评分一路飙到9.4，为什么这部剧没人看？
> 你的人生写照：桥刚修好，河就逃了
> "今年过年真高兴啊！"90岁奶奶10年还款2077万元

第一个标题，评分能到"9.4分"，说明这部剧口碑非常好，但"没人看"却说明大家应该不喜欢这部剧。这个标题将对一部影视剧达到正反两极的证据放在了一起，形成了冲突。

第二个标题，大家都知道桥是修在河上的，但悲摧的是，桥刚修好，河直接"逃跑"改道了！这个戏剧性的冲突可算是一大奇谈了。

第三个标题，几个关键词，"90岁""10年""还款2077万元"形成强烈的冲突，进而让人好奇——90岁早已是颐养天年的岁数，老人怎样用10年挣到了2077万元？

使用这一技巧制作标题时一定要注意两点：一是冲突可以是对立的行为、观点、观念、事件，也可以是不合常理的东西，冲突越激烈，越容易引起受众的兴趣；二是标题一定要表述清楚，让受众一眼就能够看懂。

3.4 借势热点：激增曝光量

抢热点是增强文案吸引力、快速获取流量的重要法门。在剖析爆款文案写作套路的时候，我曾提到过其要诀之一就是"跟热点"。

要想增强标题的吸引力，借势热点自然是不容忽视的技巧。

2021年1月，一个"因父去世请假8天未获批强行休假被辞"的事件登上热搜。事件源自上海二中院一起劳动争议案件。上海一家物业公司的员工请假去探望病重的父亲未获批准，在返回公司途中得知父亲去世，遂向其主管汇报后回家料理后事，结果8天后回公司上班时，被公司以旷工为由辞退了。最终，法院认定公司解除劳动合同违法。

在百度上，搜索"因父去世请假8天"可以得到上千万条讯息，在其他平台上此话题也大都是热点话题。来看一看部分相关的标题：

"为父奔丧被辞退"引热议，上海二中院发布案件详情

男子为父奔丧请假被辞退 法官发声：用人单位应存善意

"为父奔丧遭辞退"，扭曲程度甚于"限制员工上厕所"

因父去世请假8天被辞……这些被辞退的理由哪个你最不能忍？

父亲去世请假8天未批准 你还见过哪些奇葩的公司规定？

因父去世请假8天未获批被辞？丧假这些规定HR必须清楚

因父亲去世请假回家被领导开除，他这样反击，领导求着他回去

这些标题里面，前3个是与事件有着直接关联的报道或评论，后面的4个则是在话题基础上的延伸，或者只是借这一事件切入，从而引出自己的话题，属于"借势"。

除了热点事件，可以借势的还有热点活动、热点节日等，例如春节将至，与春节产生关联的文案就会吸引一波目光：

春节将至，请查收这份高速公路出行指南

收好这份自驾攻略！春节避开人潮，诗和远方的新年应该这样过

临近春节，可提前做好的菜，一次做一盆放冰箱中，随取随吃特省事

　　年味就要新感觉，广汽三菱欧蓝德给你不一样的春节记忆

　　春节送礼，表达心意的最佳之选就是它

　　在借势热点的时候，标题的制作方法是"热点关键词+自选话题"。热点关键词要出现在标题里，让受众一看就能与热点事件产生联系，同时在各搜索引擎也更容易增加曝光量。

　　不过，尤其需要注意的一点是，借势热点不要触及时事、军事类等严肃话题以及不适于触及的话题，例如恶性事件、令人悲痛的事件等，否则"势"没有借到，反倒让人心生厌恶。此外，借势一定要重视关联度，生拉硬扯的关系容易弄巧成拙。

3.5 引起歧义：故意制造"混乱"

2006年12月11日，云南省大关县吉利镇黄荆村下了第一场雪，村里的小学老师毛利辉在网上发了一个题为"学生'走光'，我哭了！"的帖子。不久后，这个帖子在网上引起了广泛的关注，最多的一天，毛老师收到了1000多个捐赠包裹。

这是一个有歧义的标题。如果不看内容，不同的人对"走光"至少有两种理解：一种是学生都离开了学校，"从学校走光了"；另一种是孩子们在某种情况下"不小心暴露了某些私密部位"。其实，毛老师真正讲的是雪天里孩子们的鞋子破破烂烂的，有的破了洞，有的则连鞋帮都不全了，"小脚暴露在了冬天的寒冷里"，他希望通过这个帖子为孩子们募捐到一些衣物。

故意引发歧义，制造理解上的"混乱"也是新媒体文案增强标题吸引力的一种技巧。

方法一：正话反说

就像在日常生活中有些人不明白别人讲的笑话一样，在互联网上，也有相当一部分人看不出"正话反说"。所以，使用正话反说除了可以体现反语的修辞手法外，还能引发歧义，提升标题的吸引力。例如：

> 我讨厌坏天气，我讨厌我会突然失控地想你
> 又一中产家庭倒下，我真的劝你千万不要轻易买保险
> 好可怜，他们年薪降为300万，别墅都养不起了

第一个标题，作者真正想表达的是"讨厌"吗？对于喜欢的人，女孩子口里的"讨厌"更多的时候反是娇嗔的表现。这里作者真正要表达的是"失控地想你"，她不是"讨厌想你"，而是"沉醉于想你"。

第二个标题给你传递的信息是什么？是不是首先想到："有人买保险被骗了？好像还被骗得很惨，中产家庭都倒下了。保险真的太坑人了！"但读下去你就会发现，自己完全想错了，这篇文案分明是劝你买保险的！它还告诉你买保险要找专业、可靠、客观的业务员。"为了避免大家掉进买错保险的坑，在此，我向大家推荐一家靠谱儿的保险咨询平台——××保险服务。这个平台的保险专家都非常专业和中立，建议大家在挑选具体的

保险产品前，都去找他们进行全面的了解和咨询。"这时候你再回头看，这标题好像也没什么问题，标题说的是"不要轻易买保险"——要认真、慎重地选择险种嘛！它本就有两种理解方式，只怪自己理解错了。

第三个标题，是不是让人气愤？别人年薪300万、住着别墅，还说他"好可怜"！那月薪3000的人又该怎么办呢？如果这么想，只能说你又中招了，陷入了作者故意制造的"混乱"里。作者是在说反话呢！

除了正话反说外，还有反话正说，都是故意使用与自己本意相反的表达，以受到更多的关注。

方法二：一语双关

中学语文课本里有一篇课文，是《别了，司徒雷登》。这个标题就是一语双关，题面上指当时的美国驻华大使司徒雷登离开中国，题底则隐喻美帝国主义对华侵略政策的失败。

这是很有意思的一类标题：表达精巧含蓄，读起来更耐人寻味。

未来10年，哪些行业最吃香？告诉你，这5大行业"钱景"一片大好

"单身狗"相亲失败大闹婚介所，还咬伤协调民警

一语双关胜在它的歧义运用格外巧妙，不会让人产生作者"玩弄文字"的感觉。

5大行业"钱景"一片大好，利用的是谐音双关。本来应该是"前景"，故意用"钱景"，特别说明这5大行业商机巨大，可以赚到钱。

"'单身狗'相亲失败大闹婚介所，还咬伤协调民警"，这个标题就更有意思了。"单身狗"被用来借喻单身的人，本是一个戏称，但这名男子相亲失败大闹婚介所后，还"咬伤"了民警，你说这是在骂他吗？

方法三：故弄玄虚

这类标题故意令人迷惑，甚至摸不到头脑，有很多标题党都走这个路线。例如：

> 过年该不该给父母红包？网友的答案让人意想不到
>
> "耳廓还是耳郭？小学科学课本有没有写错？"杭州一位妈妈一路较真，结果令人意外

故弄玄虚偶尔为之还可以，如果经常使用，虽然在赚流量上会有些效果，但对忠实粉丝伤害比较大，所以尽量不要这么用。尤其需要注意的是，在"故弄玄虚"的手法下，特别容易出现一

些不合格的标题：

> 最新！这个城市宣布全面进入战时状态
> 这件事，定了！
> 有6—12岁孩子的家长快看了！马上会被删掉

"这个城市"指哪里？还有"这件事"，大到发射载人航天飞船，小到吃过饭下楼遛个弯儿，任何事都可以被称为"这件事"！另外，为什么要说"马上会被删掉"呢？当一个标题可以广泛适用于无数篇文章的时候，它就成了一个"不合格"的标题，一个失败的标题。

3.6

重视数据：
增强说服力

数字是一个可以用在标题中唤起注意力的符号。这一点和标题中问号的作用类似。

数字有一个很重要的作用——增强说服力。

就像我们聊天的时候，如果你说"我最近减肥非常成功"，那给人的效果是非常抽象的。即使你说"非常非常成功"，也欠缺说服力。但如果你说："我最近半个月减了3公斤。"虽然你没加上"非常成功"，但听你讲的人也会为之惊叹。

写标题也是一样。

赏了个花，女子视力骤降至0.1！千万小心这"玩意"

看这个标题，如果只说"赏了个花，女子视力骤降"，从语言结构而言没问题，但给人的冲击力是有限的，而且令人质疑"骤降"的程度。加上数字后，"赏了个花，女子视力骤降至

0.1！"更可信，而且降至0.1，体现出视力骤降的严重程度，足够把大家都吓一跳。

再比如，"惊现长生不老西红柿　放79天不坏你敢吃吗"，这个标题中的"79天"向我们传达的信息是有人认真测试过，比说"放了好久都不坏"更有说服力。

数字还有影响人们心理判断的作用。同样的东西，采用不同的表述方式，可以让人从心理上觉得多，也可以让人从心理上觉得少。

例如，周五要下班了，老板拿来一叠文件给你的同事小张："小张，周末把这份文件修改了。"小张接过来，惨叫一声："我这周末的出游计划泡汤了，有200多页文件要修改！"

作为听众，当我们听到"这份"时，基本没什么感觉，一份嘛，不多；但当听到"200多页"时，就会吓一跳：哇，这么多！

在标题中，数字可以根据目的的不同传递出不同层次的信息。

目的一：使人感觉多

"可吓死我了！"高速交警深夜狂接报警电话，轿车已逆行飞奔29公里

宇宙最大的星系团=1000000000000000个太阳

紧急！两天内7名小孩溺水身亡……学生家长必看

"逆行飞奔29公里",这可是在高速公路上啊,逆行就是命悬一线的事,竟然奔出去"29公里",太令人震惊了!

"1000000000000000",一大串0看得人眼花缭乱,这个标题要的就是这个效果。所以,有些标题不仅用数字,还会故意把"5万"写成"50000",而非"五万"或者"5万",目的是让人看到一串"0"感觉数字够大。当然,本示例中的数字直接写成"1000万亿"也够令人惊叹的。

"两天内7名小孩溺水身亡"突出了数字,要比"接连有小孩溺水身亡"显得事态更加严重。

目的二:使人感觉少

> 毁掉一个优秀的孩子,你只要1句话就够了
> 每天只需133元,奔驰豪车开回家
> 2块钱就能买上千张人脸照片?央视曝光的AI黑产业链太惊人了

这3个例子中,"1句话"就能毁掉一个优秀的孩子,"1"是不是很少?

奔驰是豪车吧,在人们的印象中,一辆奔驰怎么也要三五十万元以上,这里告诉你"每天只需133元"就能买到,是不是很震惊,感觉自己也能买得起了?其实,这个标题是故意将

大的数字拆开，让人从心理上感觉很少。但如果自己算一下，每天贷款133元，贷款5年也有24万多元，加上首付，车价也在30万元以上，不是一个小数目。

"2块钱就能买上千张人脸照片"，看到这个标题，你是不是感叹我们的肖像权在不法分子手里也太不值钱了？

目的三：凸显对比

> 曝光了！售价3980，成本价80，你被坑过吗？
> 北大毕业生开30平方米小店卖米粉　4年赚了5个亿
> 月薪5000和50000的差距：决定你上限的，并不是你的能力

"售价3980，成本价80""30平方米小店卖米粉　4年赚了5个亿""月薪5000和50000"……没有对比就没有伤害。当两个有着明显悬殊的数字同时放到标题里的时候，它更容易令人产生震撼。

此外，还有一种提升大家对数字感受的方式，就是把数字量化。标题中不一定有数字，却又让人感受到了作者想表达的深意。

> 不吃药不节食，一杯咖啡钱让你一个月瘦10斤！

> 对不起，我吃不起外卖，配送费都够我一天的伙食费了！

一杯咖啡钱，大家都知道，也就二三十元，但可以让你一个月瘦10斤！一杯咖啡，我们通常不假思索就买了，这里用它来替代具体的钱数，更让人觉得花费少。

配送费是多少？通常在10元以内。就是这个我们点外卖时通常会忽视的钱，"都够我一天的伙食费了"，如此表达比说出一天伙食费具体的钱数还令人心酸。

巧用动词：
让标题更"热闹"

看动作片，人们往往喜欢刀光剑影的激烈对战，而不喜欢像舞台唱戏一般的假打。就连在街头看两个人起了纠纷，人们也觉得越热闹越好。

大家喜欢看热闹，越热闹才越兴奋，标题也是如此。

而能够让标题动起来、热闹起来的，是"动词"。尤其在一个好标题中，动词往往体现了整篇文章的核心，与中心事件紧密相关。

来看两个标题：

> 要热了！北京今日维持晴暖 明天最高气温攀升至30℃
>
> 醉酒男子大闹列车 酒醒后无地自容

第一个标题中的主要动词是"攀升"，气温要攀升至30℃是文章要传递的最重要的信息；第二个标题，动词是"大闹"，这篇文章所讲的是醉酒男子大闹列车的情景。

不过，这两个标题有点儿中规中矩，并不是特别热闹。我们不妨改动一下其中的动词。

要热了！北京今日维持晴暖明天最高气温蹿升至30℃

男子醉酒大闹列车，撕破民警警服还高喊"来铐我啊"

第一个标题中，"攀升"改成了"蹿升"；第二个标题中，"酒醒后无地自容"换成"撕破民警警服还高喊'来铐我啊'"，增加了两个动词"撕破"和"高喊"。这是不是比原来更具有画面感？

为什么呢？

我们来比较修改前后的动词。

"攀"是一点儿一点儿往上爬，"蹿"则是向上猛跳，当然是"蹿"的动作幅度更大，更能够给受众温度要快速升高的感觉。"酒醒后无地自容"的场景是什么样子的？想象一下，大概率是一名男子蹲在墙根，抱着头觉得没脸见人了；而"撕破民警警服还高喊'来铐我啊'"呢？它展示的是一个人使劲儿撕扯民警的警服还大喊大叫"来铐我啊"，一副飞扬跋扈的样子。

你发现没有？这里有一个小秘密，就是所用动词的动作幅度越大，标题越显得热闹。

想想看，描述两个人发生肢体冲突，可以说"他用脚碰了你一下""他用脚踩了你一下""他用脚踢了你一下""他用脚踹了你一下"……是不是"碰"的幅度比较小,"踩"的幅度大些,"踢"的幅度更大些,而"踹"的幅度已经大到调动全身之力了?而且用"踹"来描述也是最生动、最热闹的。

所以,我们要想让标题更吸引人,在拟题的时候一定要在尊重事实的前提下用好动词,并且尽量创造条件多用动词。

再看一个例子:

> 一碗"丑"饺子,让妈妈哭得停不下来……

这讲的是石家庄市一名9岁的男孩小熙,想给每天早出晚归奋战在抗疫一线的妈妈一个惊喜,于是自己擀皮、调馅儿,花了6小时为妈妈包了一碗饺子。这些饺子有的大,有的小,不少还开口露馅儿粘在了一起,看上去有点儿丑,但让吃饺子的妈妈哭得停不下来。

那么,标题可以修改为:

> 9岁男孩捏出一碗"丑"饺子,让妈妈哭得停不下来……

3.8 点燃共鸣：
用感悟去触动用户情绪

我们在浏览信息的时候，有时会突然对某个标题产生兴趣："这句话说得太对了！好像是在说我呢。"于是，点开去看看。

这类标题通常与我们记忆中的某些经历、场景有关，或者与我们当下的境遇、心情有关，能够为自己的情感表达、宣泄提供一个出口，即唤起情感的共鸣。

唤起受众的情感共鸣，是拉近标题与受众之间距离、吸引受众关注话题的最好方式；而最容易唤起共鸣的，是哲理性和感悟性的话语。在爆款文案中，有很重要的一类——炮制心灵鸡汤，就是走这个路线。

怎样利用哲理性或者感悟性的话语，唤起受众的情感共鸣呢？

情感共鸣主要有3个来源：一是角色的共鸣；二是境遇的共鸣；三是情绪的共鸣。

来源一：角色的共鸣

在我们的生活中有一个很有趣的现象，叫作"孕妇效应"，指一些不普遍的现象会随着我们的关注而让自己感觉到这是个普遍现象。例如，当一个人怀孕了，她会更容易发现孕妇。换句话说，如果你家里刚出生一个小娃娃，你出门会更容易注意到那些坐在小推车里或者被抱在怀里的小娃娃；如果你刚买了一双漂亮的短靴，你会发现满大街不少女孩都穿着短靴。

其实，更容易被发现的孕妇、小娃娃、短靴等，并不是突然变多了，而是你更容易发现了而已。

所以，通过强化某个身份，可以更容易唤起相同角色的人产生共鸣。

> 我们都是倔强的"打工人"
> 月老，你是不是拿我的红绳去织毛裤了
> 压垮成年人，只需要一个家长群

"打工人"绝对是2020年网络热词之一，它被众多的上班族调侃、自称，有着幽默，有着辛酸，也有着倔强；"月老"这个标题，虽然没把主角的身份写出来，但非常明显，这是单身人士的嘶喊；第三个标题则是"学生家长"的感慨，只要你是学生家长，即使还没感受到来自家长群的巨大压力，也会有着和这个标题一样的感慨。

来源二：境遇的共鸣

人在遭遇困境的时候，也是情绪最容易被感染的时候。

比如我们在上学时，第二天就要考试了，前一天晚上还没有复习好，满心焦虑。此刻，如果有舍友感慨一句："这可怎么办？还没有复习完，看样子要挂科了！"你必定会马上附和，百忙之中也要一起吐槽几句。这是因为人们都有"同病相怜"的习惯，哪怕听到一声慨叹，对置身于相同境地的人来说，都会有遇到知音的感觉。

你以为，有着婚姻，你就不是单身妈妈了吗？

在一厢情愿里只有卑微没有爱，到最后跪着感动的只是自己

与其违心赔笑，不如一人安静

我去儿子就读的小学参加家长会，他的班主任很开心地说："你们家很好，爸爸妈妈都重视孩子的教育。"为什么这么说？因为现场的爸爸非常少。在一部分家庭里，爸爸在孩子的教育中是缺席的。近几年，网上有一个流行词，叫"丧偶式育儿"。"你以为，有着婚姻，你就不是单身妈妈了吗？"道出了多少正经历着"丧偶式育儿"的妈妈们心中的痛。

第二个标题是一个对爱付出过的人在受伤后惯有的自怨自艾

吧？哀己不幸，怒己不争。

第三个标题，则对身陷无休止的应酬而劳形于色的人有感染力。累了，不如随心，一个人，摆脱那些虚名浮利的诱惑，让灵魂安静下来。自然，忙乱的生活不是说放下就能放下的，但这个标题点到了相同境遇者的心上，给他们带来所渴望的慰藉。

来源三：情绪的共鸣

情绪的共鸣是更深层次的共鸣。共鸣者必定是已经被相同的境遇或场景深深地刺激过，此刻被你的标题代入，再次与你的情绪一起，或忧伤，或悲愤，或激昂。

女人不怕辛苦，只怕心苦
贱人就是矫情？不，那是她太闲了
我们曾经那么好，现在却连声问候，都怕是打扰
家，是我们一辈子的馋

这些标题，是生活的感悟，更是情绪的直接表达。第一个是对情感认同的渴望，第二个是对不满情绪的宣泄，第三个是对失去爱情的抱憾，第四个则是对家的思念。当一个人有类似情绪的时候，看到对应的标题，很容易就会被"引燃"。

回看上面讲到的唤起情感共鸣的角色、境遇和情绪3个路径，分析示例所用的标题，我们就能发现，要唤起受众的情感共鸣有几个方法。

方法一：说出他的心底话

许多时候，人的心底会有情绪的积压，但不愿意轻易地表达出来，或者想表达却无法准确地表达出来。你的标题把他心底的话说出来，自然很容易就会引起共鸣。

例如"女人不怕辛苦，只怕心苦"，不少女人在结婚后既要工作，又要持家，身体的辛苦是必然的，但当自己的付出得不到尊重和认可时，这种内心的苦闷才最辛苦。"压垮成年人，只需要一个家长群"说出的是家长在孩子教育问题上的累。如今的家长群里，不仅有老师布置的任务，家长和学校的沟通，更有其他家长对自家孩子优秀表现的分享，你想让自己的孩子轻松点儿都难啊，这样的家长群就是"压力群"。

方法二：触及他心底的伤

一些苦痛，有的人经历着却不愿面对，宁可把自己受的伤藏起来，在夜深人静时悄悄地舔舐伤口。他们有的是因为讨好型人格，时刻关注着身边人的态度，努力让别人满意、快乐，而忽略了自己；有的是因为本就不敢面对，不知道如何改变，所以刻意逃避；有的则只是感到了痛，却还不知道伤在哪里。

用标题去触及受众心底的伤，能够唤起伤怀的共鸣。但要注意的是，唤起伤怀的共鸣不是目的，记得给出一些有效的建议，至少要带给对方一些安慰或者一个宣泄的方法。

方法三：带他快意泯恩仇

其实，任何情绪都需要有一个宣泄的出口，例如听听音乐、找人聊聊天，而可以调动受众情绪、唤起共鸣的文案也能实现这一效用。

"贱人就是矫情？不，那是她太闲了"，这个标题可谓直抒胸臆。虽然"贱人"属于辱骂性词语，但是在电视剧《甄嬛传》播出之后，"贱人就是矫情"俨然成了网络用语，可以一用。

"家，是我们一辈子的馋"是另一种感受。虽然常说"每逢佳节倍思亲"，但即便是平常的日子，漂泊在外的人也会想念家乡，想念家乡的亲人和家常菜……这个标题，是在唤起思乡愁绪，引人念起亲情。

方法四：给他激励或慰藉

此外，还有一种唤起共鸣的方法，是激励、启迪和慰藉受众的心灵。

"与其违心赔笑,不如一人安静"是在努力抚平一颗受累于生活而无奈的心,试图去做心灵上的按摩。

　　不过,激发受挫者的斗志与抚平受伤者的心灵同等重要。

　　一些爆款文案热衷于贩卖焦虑,但正能量同样能够打动人,关键在于你的选题是否能够圈定特定的人群并唤起共鸣。例如,"我们都是倔强的'打工人'",打工人怎么了?我们有自己砥砺前行的意志,有自己不折不挠的倔强。再如,"生活没有低谷,只有蓄势待发"等,都有激发受众斗志的作用。

PART 04

第四章

搭建内容框架:
5个模型,让创作事半功倍

你有没有感觉到，我们身边楼房的建筑速度正变得越来越快？

据中国新闻网报道，2015年3月，长沙一栋名为"小天城"的57层高楼仅耗时19天就已经完工，如果剔除雨雪天的停工工期，有效工期仅仅12天！而且，这座大楼还绝不是"豆腐渣工程"，可抗9级地震。

这建设速度够猛吧？它是怎么做到的呢？

原来，这座大楼的主体结构均由钢架构成，材料工厂预制达93%，框架立起来，1200位工人昼夜开工拼接就可以了。

这就是建筑框架的重要性，文案框架之于写作也是一样。我们在下笔之前，先架构好文案的框架，然后根据架构的特点丰富内容，写作时就可以事半功倍。

接下来，让我们一起看看几种最为常见的文案架构模型。

4.1 倒金字塔式：最快的成文模式

倒金字塔式结构是资讯类文案最常用的框架形式。

它按照信息价值的大小，包括信息的重要程度、新鲜程度，以及受众感兴趣的程度等，采用核心内容在前，内容细节、次重要内容、补充性内容在后的形式来架构文案，如图4-1所示。

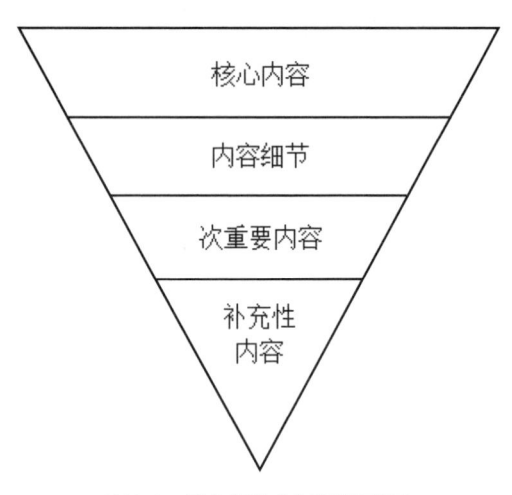

图4-1 倒金字塔式文案结构模型

倒金字塔式结构的优点

因为倒金字塔式结构的文案行文总是先讲重要的再讲次要的、先讲结果再讲过程,所以写起来会相对简单。这种结构的优点之一,就是成文速度快。例如,某媒体对《破案了!两地疫情源头查明》的新闻导语,即核心内容部分的描写:

> 1月11日,沈阳市和大连市分别召开疫情防控新闻发布会,两市相关负责人分别在会上通报了当地疫情传播源头:沈阳为入境人员解除隔离后发病,导致后续疫情传播;大连此轮疫情源于污染了新冠病毒的进口冷链产品。

这样,先把基本的重要信息交代清楚,后面再进行细节介绍,很快就能写成一篇完整的文章,抢先发布出去。

这种结构的优点之二,从图4-1就可以看出来,内容层次格外分明。所以在对文章进行编辑、修改的时候,无论是增加内容还是删减内容,都能够很容易地找到目标位置,而且内容的增减不会对全文逻辑造成太大的影响。

> 近来,有不少爆料称××品牌将推出新产品,昨日,这一消息得到证实。有境外媒体确认,该品牌将于今年4月推出SE3,并称这将是其2021年最好的手机产品。

据手机产品分析师Y透露，这款SE3将使用LCD全面显示屏，支持5G网络，屏幕尺寸升级为6.06英寸，影像升级为双摄。

另有业内专家猜测，根据××品牌的SE产品套用了其之前的××5S产品大部分硬件，SE2产品套用了之前的××8产品大部分硬件，该公司从清库存、压缩开支的角度出发，SE3产品极有可能套用之前的××11产品的部分硬件。

目前，关于SE3产品的电池容量、销售价格等信息尚不清楚。

这是模拟的一篇新品介绍文案，使用的就是倒金字塔式结构，层次非常清晰。第一段信息是最重要的，证实了××品牌新产品将上市的具体时间以及公司对新产品的定位，第二段透露了新产品的部分细节，第三段是关于产品的推测，第四段则是补充性信息。

在这样的结构模式下，如果你突然得到消息，又获取了这款新产品的一些参数，那么只要直接增加到第二段中即可；或者你发现第三段信息不准确，需要删除，那么直接删除就是了。这种增加和删除对文案结构几乎没有影响。

倒金字塔式结构的优点之三针对的是受众，因为内容结构层次分明，所以受众可以非常快速、方便地掌握文案所要传递的信息要点。

在第一段中，受众已经看到了你要讲的总结性概述，获取到了信息的核心内容。如果他对详细内容感兴趣，可以选择进一步读下去，不过，无论他在哪个位置停止了阅读，都不影响对基本信息的获取。

倒金字塔式文案的写作

倒金字塔式文案最早使用在新闻报道上。写作时，记者按照信息具有的新闻价值大小进行判断罗列，先告诉你最值得关心的、最核心的事实，其后是第二值得关心的、第二重要的……以此类推。

比如要报道一场足球赛事，你最想知道什么？应该是哪一方胜了，比分是多少吧？了解了这些，你才会想知道比赛是否精彩，到底是谁攻进了球，这场比赛的输赢对双方有什么样的影响……对吧？

按照顺序一一回答上面的问题，写出来的就是倒金字塔式的新闻报道了。不过，写资讯类文案的路数，其实也这么简单。

①核心内容

如何写文案的核心内容呢？

核心内容应该是受众看到一篇文案时最想知道的，或者最想让受众知道的内容。

我在刚做记者的时候就常听老编辑们讲，新闻开头不要长，要控制在120字之内。后来我发现,其实还应该再短些,应该尽量控制在80字之内甚至更短,短到可以让受众一眼看完。所以核心内容应该凝练再凝练,最好一句话就能够概括出来。

依据这一原则,之前提到的《破案了!两地疫情源头查明》的核心内容部分:

> 1月11日,沈阳市和大连市分别召开疫情防控新闻发布会,两市相关负责人分别在会上通报了当地疫情传播源头:沈阳为入境人员解除隔离后发病,导致后续疫情传播;大连此轮疫情源于污染了新冠病毒的进口冷链产品。

完全可以精简为:

> 破案了!沈阳、大连两市当地疫情传播源头查明:沈阳为入境人员解除隔离后发病,导致后续疫情传播;大连此轮疫情源于污染了新冠病毒的进口冷链产品。

两者比较一下,你会发现,精简后的内容少了近1/3,但重点更加突出了。

此外,你还能发现,精简后,时间(1月11日)、地点(沈阳市和大连市疫情防控新闻发布会)、人物(两市相关负责人)都被拿掉了,只留下了事件(疫情传播源头查明)。

我们强调写作必须具备5个W[①]，但在文案写作中，并不是要将它们全部写到核心内容部分，只要把受众最关心的信息放在开头就够了，其他要素可以在内容细节中体现。

除了这种直接阐述事实的方法，核心内容的写作还可以直接引用报告、讲话、文件中包含重点信息的表述或者相关人士的话。

> "新冠疫苗全民免费接种！"国务院联防联控机制相关负责人再次在今天的新闻发布会上确认了这一消息。

此处对相关负责人在发布会上发言的直接引用，使信息显得更权威，也使这段表述更生动、更有画面感。

核心内容的另一种常见写法是借用提问引出想要表达的重点内容。

> 脸上长个痘痘，挤了会怎么样？江苏淮安一位嵇女士随手挤掉嘴唇上方的一个小痘痘，没想到最后被送进了医院的重症监护室。

提问起到了引人思考的作用。面对"脸上长个痘痘，挤了会

[①] 5个W：何时（when）、何地（where）、何事（what）、何因（why）、何人（who）。

怎么样"这个问题，大家的答案一定是："挤了就挤了呗，还能怎么样？"但作者接下来说有人因为挤痘痘进了重症监护室，一下颠覆了受众的认知，起到了令人震惊的效果。

针对核心内容，还有一种写法，就是先简要描写某个相关的事件或者场景，再引出事实或者观点。这个手法在西方媒体中比较常见，现在在我们的新媒体文案中也能看到。例如：

> 农场里1000英亩的大豆即将进入收获季节，但肖恩却没有丰收在即的喜悦。在艾奥瓦州有着不少和肖恩相同境遇的农场主。虽然政府声称要对他们提供补贴，但他们真正需要的是中国市场。

②内容细节

我们以《再次确认：新冠疫苗全民免费接种》为例，看一看内容细节的写法，先看它的核心内容：

> "新冠疫苗全民免费接种！"国务院联防联控机制相关负责人再次在今天的新闻发布会上确认了这一消息。

接下来就是内容细节了。内容细节不应该是对核心内容的简单扩写，而应该是详细的阐述或解释，包含比核心内容更大的信息量。

阐释内容时，通常有两种方法。

一种是沿着单一维度，进行递进式的细节写作。

1月9日，国务院联防联控机制举行发布会。国家医保局副局长李滔在会上表示，新冠疫苗附条件上市以后，疫苗免费接种是在居民知情自愿的前提下，企业按议定价格提供的疫苗的费用，加上接种服务等全部的费用，将由医保基金和财政共同负担，居民个人不负担。

国家卫生健康委副主任、国务院联防联控机制科研攻关组疫苗研发专班负责人曾益新在会上介绍，迄今为止，我国已累计开展新冠病毒疫苗接种900多万剂次，进一步证明了我国新冠病毒疫苗良好的安全性。

曾益新表示，在12月15日启动的这一轮重点人群新冠疫苗接种过程中，要求各地参照核酸检测"应检尽检"的模式，由各级政府组织和安排费用保障，推进新冠疫苗的接种，个人不承担疫苗的成本和接种费用。

"在这个过程中，我们也曾经发现有个别地方收取个人费用的情况，我们以国务院联防联控机制综合组的名义发文，要求立即整改。目前看来，各地对执行免费接种政策都做得挺好，很到位。"曾益新说。

这部分文字都是围绕"新冠疫苗全民免费接种"展开的。先是更进一步说明"……疫苗的费用，加上接种服务等全部的费用，将由医保基金和财政共同负担，居民个人不负担"，接着讲"我国已累计开展新冠病毒疫苗接种900多万剂次"，执行的就是"个人不承担疫苗的成本和接种费用"政策，继而说"……曾经发现有个别地方收取个人费用的情况……要求立即整改"。

虽然内容分了几个段落，但都是沿着一条主线往下写的，脉络非常清晰。

还有一种阐释内容的方法，就是从存在着平行或者关联关系的几个维度进行阐释。我们来看澎湃新闻《关于新冠疫苗全民免费接种的6个问题，答案全在这！》一文中对内容细节的写法：

> 1月9日，国务院联防联控机制在北京举行新闻发布会，澎湃新闻梳理了发布会公布的关于新冠疫苗全民免费接种的6个问题。
>
> Q1：免费接种新冠疫苗具体免哪些费用？
> ……
>
> Q2：新冠疫苗费用由谁支付？
> ……
>
> Q3：医保基金支付新冠疫苗费用会影响看病就医待遇吗？
> ……
>
> Q4：疫苗价格是如何确定的？给疫苗定价与免费接种

之间有矛盾吗？

　　……

　　Q5：已有多少人接种了新冠疫苗？

　　……

　　Q6：重点人群疫苗接种过程中有多少不良反应？

　　……

　　澎湃新闻通过6个问题将内容细节做了条块化处理，省略号部分是原文对6个问题的进一步解释，从中可以看出彼此间维持着相互关联的关系。

　　由《破案了！两地疫情源头查明》的核心内容也能够判断出，内容细节部分会分成两个平行的维度，即沈阳和大连两地疫情源头的详情。

　　③次重要内容

　　次重要内容放在核心内容及内容细节之后，根据需要可以直接概括性地写出来，也可以详细地写，具体写法在这里就不赘述了。

　　有的文案可能没有次重要内容，也可能有多条次重要内容。当有多条次重要内容时，可以继续根据重要程度罗列。

　　④补充性信息

　　倒金字塔式文案的最后部分可以介绍文案中重要内容的背景，或者对一些读者关心的周边信息和过往信息进行补充。它通常被用于增加整个文案的信息含量，或者集中补充之前已经公开过的关键信息，以方便受众了解事件全貌。

例如《再次确认：新冠疫苗全民免费接种》一文，在最后一部分可以介绍：

> 目前，中国疫苗已被证实在安全性和有效性等方面表现良好，多个国家和地区已批准中国新冠疫苗注册上市或紧急使用，马来西亚、阿尔及利亚、秘鲁、泰国、乌克兰等国家和地区已与中方达成了疫苗采购协议。印度尼西亚、土耳其已有高级官员接种了中国科兴公司研发的新冠疫苗。

这篇文章也可以介绍新冠肺炎疫情暴发后，我国新冠疫苗的研发过程和相关情况，还可以介绍世界各国的新冠疫苗接种政策等。

"总—分—总"式："串糖葫芦法"防跑题

"总—分—总"结构是我们上学写作文时就学习过的一种架构方法。老师告诉我们，开头要开门见山地提出论点，中间应分角度或者分层次论证论点，最后要进行总结，重申论点或者引申论点。

其实，在文案写作中，"总—分—总"结构并不只是观点型文案的专属，它还可以用于记人、叙事、写景、说明等各类型文案。

"总—分—总"式文案结构模型如图4-2所示，就像一个糖葫芦串，前面的综述和后面的总结像是两头各放一个的大"糖球"，中间则放了一串分述的要点。因为有前后两个"总"做定位，所以可以降低跑题的概率。

在实际写作中，这个模型有时也会只被用到"总—分"或"分—总"两部分，不过"总—分—总"俱全的情况更多。

```
┌─────────────────────────────────┐
│ 综述（提出观点、引出话题、概括整个事件 │
│ 或者讲述背景）                    │
└─────────────────────────────────┘
                │
                ▼
       ┌──────────────┐
       │ 要点 1        │
       │ 要点 2        │
       │ 要点 3        │
       │ ……           │
       └──────────────┘
                │
                ▼
┌─────────────────────────────────┐
│ 总结（呼应开头，对观点、话题、事件等进 │
│ 行归纳总结或者引申、评论）          │
└─────────────────────────────────┘
```

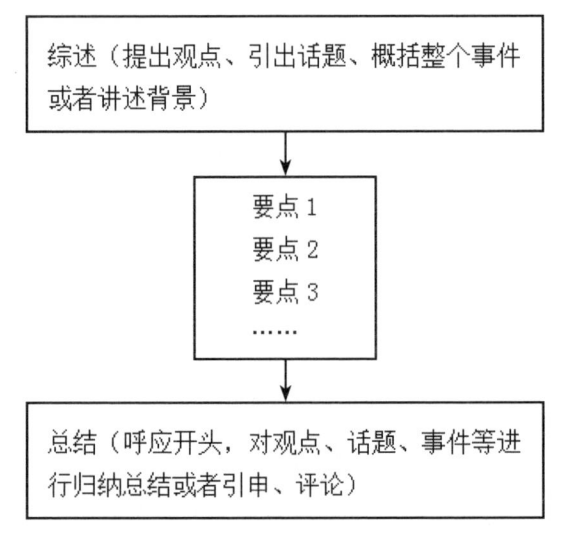

图4-2 "总—分—总"式文案结构模型

"总—分—总"式结构的优点

我们写文章的时候，通常都会担心跑题。现在许多新媒体文案更是喜欢天马行空，这样难免忽略重点。"总—分—总"式结构可以使行文更加严谨，主次分明，只要"分"围绕着"总"去写，通常就不容易跑题。

同时，这种结构也可以让受众一目了然，一看开头"总"的部分，马上就知道这篇文章讲的是什么，进而决定要不要读下去。

例如朱自清的名篇《背影》，就是采用了"总—分—总"式的写法。开头的"总"其实只有一句话：

> 我与父亲不相见已二年余了，我最不能忘记的是他的背影。

接下来会讲什么？自然是那"最不能忘记"的背影了。怎么最不能忘记呢？请听故事……

对于观点型的文案，开头的"总"更是要先把自己的观点亮出来。看这篇《"废物式养老"，正在毁掉大量老年人的养老生活》：

> "妈！洗碗了！"你能想象，这是一个教授吃完饭后对自己80岁母亲说的话吗？
>
> "世上怎么有这样的不孝子！"事实并非如此，洗碗是教授每天给母亲"特地安排"的。教授对自己的学生这样解释道："母亲即使老了，但在她眼里，儿子永远需要她的帮忙。让她洗碗，她就会感到被需要，一整天就会过得充实。"深以为然。
>
> 很多人都知道要孝敬老人，但却矫枉过正。把老人当成没有自理能力，需要年轻人包办一切的"废物"，以为只要给老人吃好喝好，满足生活物资和安全的需求，就是最大的孝顺。殊不知，这种"废物式"养老，其实是对老人生活的一种绑架。

作者由一个小故事切入，引出自己的观点：不要以为给老人吃好喝好、满足生活物资和安全的需求，就是最大的孝顺。

"总—分—总"式文案的写作

不管文章分为多少个自然段，总分总式文案通常分为下列三部分中的三者或两者。

①前面的"总"：综述。

用概括性的语言提出观点、引出话题、概括整个事件或者讲述背景。

②中间的"分"：分述。

由不同的维度分解、描述、解释或者论证前面的综述内容。

③后面的"总"：总结。

呼应开头，对观点、话题、事件等进行归纳总结或者评论、引申。

无论是总—分—总、总—分，还是分—总，分述一定是不能缺少的部分。根据上文对两个"总"的解释，我们要把"总"写出来应该不难，应重点关注中间"分"的写法。

分述部分由多个要点组成。这些要点作为"糖葫芦"必然是被某个逻辑串起来的。串起它们的逻辑关系包括并列、递进和对比，而有的要点根据内容容量，有可能会做更进一步的划分切块。

来看《"废物式养老"，正在毁掉大量老年人的养老生活》

的分述部分：

☆ 老人们最欠缺、需要的是什么

①老人们欠缺的，是和年龄对抗的自由

②部分老人需要的不是让座，是尊重

☆ 3条建议，送给不愿被"废物式"养老绑架的老人们

①不要轻易给自己设限

②不要活成子女的附属品

③不要被"废物式"养老绑架

☆ 2条建议，送给不想"废物式"养老的年轻人

①不要过度尊老，过度孝敬

②要让老人老有所为，而不是晒太阳

以这篇文案为例，并不是因为它遵循了标准的写作方法，而是因为它体现了当下许多自媒体的写作特点，即开放性很强，分述部分的内容并不像标准的写作那样严谨。犹如一串糖葫芦，按理来说糖球应该全是山楂，结果发现其中还有山药、橘子、圣女果。不过现在的受众又似乎乐于接受这种不循常理的路数。

可以看出，这篇文案的要点1是探讨"老人们到底需要什么"，要点2是建议"老人们怎样去争取自己想要的生活"，要点3是建议"年轻人应该用怎样的态度去对待老人的需要"，三者之间是递进的关系。

你是不是觉得分述的写作看着有点儿复杂？其实吃透它内里的骨架就好了。

应该说，分述既然由多个要点组成，就应该很容易列出提纲。无论这些要点之间是并列、递进还是对比的关系，都先把它们按照一定的逻辑列出来，接下来就会容易很多。

假若是并列关系，那就使用排比句法来考虑分述的要点提纲。例如介绍一款产品，可以考虑：

> 它可以解决问题1；
> 它可以解决问题2；
> 它可以解决问题3；
> ……

再如，写一个人，可以考虑：

> 他是一个……的人；
> 他是一个……的人；
> 他是一个……的人；
> ……

假若是递进关系，那就用递进设问法来考虑分述的要点提纲。例如写一种解决方案，可以考虑：

> 它是什么？

为什么需要它?

怎么利用它?

再如,写一件事,可以考虑:

为什么会发生?

它发展成了什么样子?

怎样解决?

假若是对比关系,那就用正反法来考虑分述的要点提纲。例如介绍一款产品,可以考虑:

使用它会怎么样?

没有使用它会怎么样?

通过把这样的要点提纲先列出来,你就会发现组织材料能够有的放矢,后续的文案写作也就更加得心应手了。

4.3

盘点式：
最方便借势热点的结构

同事在列2月份的传播计划，我说："快春节了，加上盘点的话题吧。"

同事在列3月份的传播计划，我说："大家要出门春游了，加上盘点的话题吧。"

同事在列4月份的传播计划，我说："马上'五一'小长假了，加上盘点的话题吧。"

……

同事听得直笑，问我为什么总惦记着盘点呢？

我说，当然是因为许多人喜欢看盘点啊！今年最值得期待的5部电影，提高薪资的6项实用技能，恋爱时最值得一去的7座浪漫小城……遇到这样的话题，你会不会想点进去看看呢？

而且对文案创作者来说很重要的一点是，这么简单的结构，就是容易写啊！

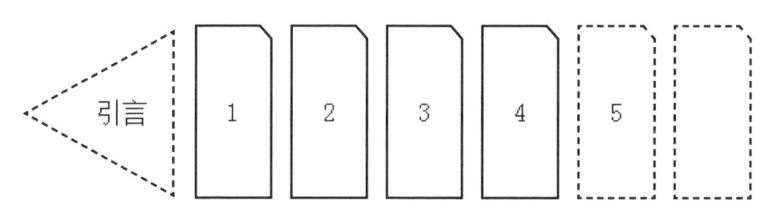

图 4-3 盘点式文案结构模型

如图 4-3 所示,你是不是想到了"总—分—总"式结构下的"总—分"关系?

其实,它比你想的还要简单。盘点式结构中的"引言"只需要简单地说上一两句,引出后面的盘点事项即可,远没有总—分—总的"综述"那样"任重而道远",甚至有些盘点文案连引言也可以不要,跟着标题就可以开始列盘点事项了。

盘点式结构的优点

盘点式文案通常更容易吸引受众。

在信息大爆炸的当下,每一分每一秒都会有大量的内容被生产出来,我们被海量的信息冲击着,而盘点是针对某一话题内容的提炼结果或经验总结,可以帮受众去除芜杂信息的扰乱,突出更可看的信息,所以容易受到欢迎。

盘点式文案尤其受到欢迎的一点,是它更容易与热点相结合。

想想我们最容易看到盘点的时间节点。暂且不说某些固定的时间节点,例如一遇长假必定有旅游攻略、旅游目的地、特色美食的盘点；一到年底必定有全年大事、全年数据的盘点……哪怕遇到一些热点事件，也必定会是盘点的"丰产期"。

比如每次举办世界杯时，都可以盘点10大精彩进球、10大精彩逆转、10大乌龙球、10大帅哥、10大"影帝"……话题层出不穷，如果当届素材支撑不起来，尽可以往前几届里面找。甚至是某对演员结婚了，都可以盘点一下"娱乐圈中的明星夫妻档，你最羡慕哪一对"。

借着热点事件的高关注度，可以稳妥地刷一波存在感。这种方法屡试不爽。

在创作中，盘点式文案所使用的素材通常都是已经存在的，这省去了采访、发掘的时间，只需要按照某一话题重新梳理总结就可以了，所以它既省力省时又吸引眼球，比其他原创方式的蹭热点容易得多。

此外，不得不说的是，盘点式文案在传播中还方便被用来夹带"私货"进行营销。例如一家地方特色餐饮企业，虽然成立只有几年，但市场部策划了"来××不容错过的5大特色美食"，除了当地公认的4家代表性餐馆外，还放入了自家的餐馆，之后在互联网上进行传播，快速提升了自家品牌的知名度。

以盘点的形式进行宣传，既很大程度地吸引了受众的注意，又借助知名品牌做背书，这种宣传方式的确非常巧妙。

这是在蹭知名品牌的"热度"，不过需要注意的是，使用这种方法时，需要考虑你的产品或者品牌实力能否与知名品牌相匹配，至少不能弱于对方太多或有大的瑕疵，否则反而会弄巧成拙，招来恶评。

盘点式文案的写作

盘点式文案的价值，在于能够让受众在一篇文章中获取到尽可能多的同类信息。所以，这就要求在写作的时候要保证你真的去研究了相关的内容，并进行了考证评估、归纳总结，要告诉受众的是你精心考证和总结的结果，不仅信息量大，而且有一定的说服力。

①选择话题

要进行盘点，话题的选择最好与某个时间点或者热点事件相关联——这也是受众打开你的文案的理由。

有关高中教育的自媒体号，通常会在高考刚刚结束后，盘点全国各套语文试卷的作文题目。之所以选择"高考刚刚结束"这个时间点，就是因为此时高考生、高二的学生、考生家长和老师都最关心这个话题。

某一部电影或者电视剧开播，娱乐自媒体号通常会盘点同类影视作品。例如，2020年年底电视剧新《鹿鼎记》登陆央视，不少自媒体号就从多个角度对各个版本的《鹿鼎记》进行了盘点比较。

那么怎么选择话题呢？最重要的一个标准，就是这个话题能够和你的产品、品牌或者你的自媒体方向拉上关系。

比如你是一个做K12教育的自媒体，遇到了世界杯，你去盘点5支强队看点、10大精彩进球，恐怕就有些风马牛不相及了吧？

不过事物之间是普遍联系的，当一个热点出现的时候，你可以尽可能地去找到和自己有关联的话题。还以世界杯为例，做K12英语的自媒体，是不是可以盘点球场上常用的英语词汇？做K12语文的自媒体，是不是可以盘点媒体在世界杯报道中常见的语法错误？这样既讨论了热点话题让受众觉得有趣，又契合了你的自媒体定位，让同学们从中学到知识。

②确定主题

选好话题，就相当于圈定了范围，接下来就可以确定主题了。主题是指你的文案打算告诉受众什么内容，这是后续行文的主线。

主题有多种表现形式，可以是做比较，也可以是做总结。

我们以2020年年底播出的新《鹿鼎记》为例。假如你做的是一个娱乐自媒体号，话题方向定了——说说几个版本的差异，那么接下来需要列一下能够想到的主题：

6个版本《鹿鼎记》大比拼，你认为哪部才是巅峰之作？

新《鹿鼎记》热播，对比5个老版本，新版韦小宝能排第几？

新旧《鹿鼎记》韦小宝的7个老婆大比拼，你觉得谁最美？

《鹿鼎记》的成败康熙占一半，6版康熙哪个最经典？

这就是在盘点事项之间做比较。"6个版本《鹿鼎记》大比拼，你认为哪部才是巅峰之作？"这个主题是比较哪一个版本拍得更好。后面的3个主题则是各选了其中的重要角色做比较：一个比饰演韦小宝的演员的演技；一个比饰演韦小宝的7个老婆的演员的扮相颜值；一个则是比饰演康熙的演员的帝王相。

至于选择哪一个主题，就要看你认为自己研究最深入的是哪个了。

做总结的盘点主题更多，每到年底的"十大新闻"、出游的"五大旅游天堂"都属于这类。

> 99%的中国人都误解的5个地方，真相终于找到了
> 让米饭更好吃的16个窍门

确定主题的时候，不一定非要把"×大""盘点"等词体现出来，但数字往往不可少，一来能够引起受众的兴趣，二来也反映出文案的信息量。

还有一点需要注意，就是盘点的主题不一定必须是过往的事

情、正在发生着的事情、同类相关的内容也可以罗列在一起形成盘点。例如《雷霆战将》要翻车？数数里面的硬伤""24小时全球疫情盘点"等。

③甄选素材

盘点式文案从写作上看并不难，难就难在挑选素材上。因为判断一篇文案的盘点有没有价值，主要取决于对素材的甄选。

甄选素材要秉持的原则是：盘点的对象受众要尽可能地熟悉，盘点的事项要尽可能地出乎受众的意料。

《99%的中国人都误解的5个地方，真相终于找到了》来自自媒体号"中国国家地理"，这篇文章要说的是许多耳熟能详的地理认知其实不一定正确，它盘点了几个绝大多数国人都误解的地方，看看真相是什么样子的。

要说从地理认知上会让人误解的地方，那可太多了。如湖北的仙桃市，那个地方的特产怎么没有桃子？济南的解放桥，把那个路口转了18圈，也没看到桥啊？

而"中国国家地理"选择了蓬莱、夜郎、天府之国、昆仑山、云梦泽5个地方作为盘点对象，盘点的事项是蓬莱有没有仙境？夜郎这个概念是怎么发展的？谁才是最早的天府之国？昆仑山是不是神山昆仑？云梦泽到底在哪里？

为什么选这5个地方？因为蓬莱仙境、夜郎自大、天府之国是大多数中国人都熟悉的词语，昆仑也流传着无数的神话、武侠传说，而云梦泽自古便出现在史书诗词中，这些地方都非常有名，知名度要远高于湖北的仙桃、山东济南的解放桥。盘点对象越有名，才能激起越多人的好奇心。

再看它盘点的事项，也都是在我们心里没有固定答案的。

《让米饭更好吃的16个窍门》选择的盘点对象知名度就更高了，这可是大多数人都吃的米饭啊！盘点事项是让米饭更好吃的窍门。16个窍门，数字确实大，给人一种"这么多，一定有好方法是我不知道的，得看看"的感觉。这篇文案的作者当然就要努力去收集这么多种方法的素材了，不过一定要确保里面的多数方法是大家不知道的，否则受众就会认为盘点质量太差，进而影响到对作者和自媒体号的满意度。

④合理呈现

盘点式文案的盘点事项之间通常都是并列关系，所以逻辑性要求并不是太强。就像《让米饭更好吃的16个窍门》，16个窍门中哪个在前，哪个在后都可以，而且每个盘点事项前面可以使用序号或者小标题，所以也不用考虑过渡的问题。

不过，为了便于阅读，每个盘点事项的内容要点应该尽量统一。例如《细数全球16家最古老的公司》：

西山温泉keiunkan酒店

西山温泉keiunkan酒店位于日本山梨县，是世界上最古老的酒店，始建于公元705年，直至如今已经经营了1300多年，因完美的服务得以生存至今。酒店毗邻富士山，每晚花费475美元至570美元。

Stiftskeller圣彼得餐厅

Stiftskeller圣彼得餐厅位于奥地利萨尔斯堡，餐厅的经营时间可以追溯到806年，直至如今已经经营了1200多年，餐厅虽然经历了无数次的装修，但仍保留了巴洛克风格。

……

盘点事项的内容包括了公司所在的国家和地区、创建时间和简要介绍，这样可以让受众阅读起来感觉更顺畅。如果各项之间内容要点不统一，比方对西山温泉keiunkan酒店还有一项创始人的介绍，而Stiftskeller圣彼得餐厅没有，就很容易让人心里犯嘀咕："咦，这家餐厅的创始人是谁呢？为什么没有介绍？"让人感觉文案写得不完整。

另外，每个盘点事项的内容长度应大致相同，这样全文读起来会很有节奏感，排版出来也更加美观。

4.4 递进式：遵循逻辑规律，节奏感强

说起来，递进式结构是几种文案框架中对逻辑性要求最高的。

它按照事物或事理的发展规律和逻辑关系，以层层递进的方法组织内容，通常由浅入深、由因及果、由现象到本质或者根据时间、空间以及其他逻辑进行说理、叙事。

抛开这些理论性的说辞，形象地讲，递进式结构就像是小溪一样，应该在一定的规律下自然地流走。

来看一看递进式文案的结构模型吧，如图4-4所示。

发现并提出问题 → 分析问题 → 解决问题

图4-4 递进式文案结构模型

递进式结构的优点

递进式结构较为简单，不需要一波三折的设计，步骤之间逻辑性较强，只需要遵循特定的规律行文即可。

如果是观点型、知识经验型文案，按照发现并提出问题、分析问题、解决问题布局，思路会非常清晰。我们在学校里上作文课时，受到了很多这方面的训练。

另外，随笔形式的叙事或者抒情，也可以遵循发现并提出问题、分析问题（探寻问题真相）、解决问题来写。

递进式文案内容层层递进，结构紧凑，如果把握得当，文案的节奏感会比较强。

递进式文案的写作

随手打开了一个文案，恰好是递进式结构，我们一起来看看它的写法。文案的题目叫《这种馒头、包子绝对不能吃！伤脑、变傻、记忆力衰退……》，我把其中的要点摘录出来。

第一部分，即开头是这样写的：

> 包子、馒头作为早餐店的香饽饽，向来是我们早餐的首选，但你知道吗，有这么一种绝对不能吃！
>
> 今天要说的就是"含铝"的包子、馒头！它们使用了"含

铝泡打粉"，使得发面速度加快，缩短了发酵时间，也大大降低了成本，不仅制作省时省力，蒸出来的包子、馒头表面颜色也更好看，卖相好。有些黑心的商家图省事就会这样做。

第二部分，从5个方面罗列了长期吃"含铝"产品的危害。

　　长期摄入铝元素累积到一定的量后，人变得暴躁易怒，反应迟钝，记忆力衰退；
　　易患痴呆；
　　发生心脑血管意外的风险更大；
　　骨骼系统可能受影响，儿童易发生软骨症，老年人易患骨质疏松、易骨折；
　　由于长时间的超负荷排毒，肝肾功能会受到损害。

第三部分，教你怎么辨别"含铝"的包子、馒头。

　　看品相……试手感……品口感。

第四部分，再教一招。

　　在家解锁美味素馅包子的吃法，自己动手做，早餐吃得更健康！

我们主要来看这篇文案的框架。

第一部分，提出有商家会使用"含铝泡打粉"，这样的包子、馒头不能吃。这是提出问题。

第二部分，指出长期吃"含铝"产品对身体的危害。这是分析"含铝"包子、馒头不能吃的原因。

第三部分，教给大家怎么辨别"含铝"的包子、馒头。这是解决问题。不过后面又冒出第四部分，教大家怎么在家做包子。其实这也是在解决问题。

现在的自媒体文案不像我们在学校里写作文或者在正规媒体上发表文章那样严谨、规范，普遍会在解决问题环节从不同维度多写一些，甚至会跳出去加上一些其他的相关内容。这样的好处是加大了信息量，也能得到许多受众的认可。

朱自清的《荷塘月色》是使用递进式结构写作的典范。

> 这几天心里颇不宁静。今晚在院子里坐着乘凉，忽然想起日日走过的荷塘，在这满月的光里，总该另有一番样子吧。月亮渐渐地升高了，墙外马路上孩子们的欢笑，已经听不见了；妻在屋里拍着闰儿，迷迷糊糊地哼着眠歌。我悄悄地披了大衫，带上门出去。

第一段交代了夜游荷塘的缘由，然后"我悄悄地披了大衫，带上门出去"。接下来，就是夜游的见闻和思绪了：

> 沿着荷塘，是一条曲折的小煤屑路。……
> 路上只我一个人，背着手踱着。……
> 曲曲折折的荷塘上面，弥望的是田田的叶子。……
> 月光如流水一般，静静地泻在这一片叶子和花上。……
> 荷塘的四面，远远近近，高高低低都是树，而杨柳最多。……

再接下来的几段：

> 忽然想起采莲的事情来了。……
> 于是又记起《西洲曲》里的句子……这样想着，猛一抬头，不觉已是自己的门前；轻轻地推门进去，什么声息也没有，妻已睡熟好久了。

出门、小路、看荷塘、看月光、看四周，看着想着，猛一抬头已经到家了。文字跟随着作者的脚步和视线，是不是格外自然？

结合到结构模型中去，第一部分就是发现并提出问题，"这几天心里颇不宁静。今晚在院子里坐着乘凉，忽然想起日日走过的荷塘，在这满月的光里，总该另有一番样子吧"。第二部分是探寻问题真相，去看荷塘。第三部分则是解决问题。只不过这里的解决问题是找到了"心里颇不宁静"的根源，表达出作者对黑暗现实的不满以及对和平、宁静的生活的向往。

4.5 互动式：做"热点"发掘者

在生活中，人们最容易获得有效信息的方式是什么？

答案是问答。我问你答，我问的和你答的一定是我最关心、最有用的信息。

这种由问答形式构成的文案框架就是互动式结构，适用于访谈、答疑、对话等类型的文案。

互动式文案的结构模型并不复杂，如图4-5所示，一般分成两部分。不过，我们平时浏览信息可以发现，这种结构的文案并不常见，究其原因，是它对素材的要求相对较高。

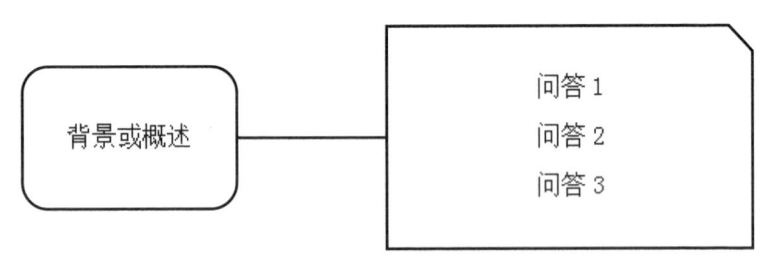

图4-5 互动式文案结构模型

首先，互动式文案素材的较高要求与被访谈的对象或者参与对话的人有关。被访谈的对象或者参与对话的人要么在所属行业有一定的知名度，要么与当下的某个热点事件有关联，例如某热点事件的当事人、知情人或者相关领域的专家等。

其次，互动式文案素材的较高要求体现在问题的数量上。即必须有一定数量的问题，而且这些问题大都是大家所关心的。如果只能组织出一两个问题，最好不要采用互动式结构。

最后，互动式文案素材的较高要求体现在所回应信息的质量上。因为互动式文案要直接引用被访谈的对象或者参与对话的人的内容，所以，虽然不能要求他们的话字字珠玑，但是如果语言不新鲜、空洞或者晦涩难懂，也不适合使用互动式结构。

互动式结构的优点

互动式结构的文案优点之一是便于写作。因为文案内容是把访谈或者谈话的内容经过筛选后搬出来，接近于实录，所以只要策划、沟通阶段顺利，成文的难度不是太大。一些重要话题的现场互动或者线上互动，也可以直接摘录形成文案。

互动式结构的文案优点之二是增强受众代入感。对受众来说，内容的呈现形式是双向交流，而不是单向输出，所以遇到对敏感问题的追问，受众的代入感通常会更强。同时，互动提问的形式能够突出重点，便于受众快速找到自己感兴趣的问题。

在2020年12月底，北京、辽宁、浙江等多地报告新增新冠肺炎本土散发病例或聚集性疫情，针对"短期内国内疫情会不会大规模暴发""'双节'还能出行吗"等问题，中央广播电视总台记者专访了中国工程院院士钟南山，这次专访的内容在多家媒体上就是以互动式结构的文章呈现的。

我们会很自然地先看记者的提问：

"双节"即将来临，大家的出行需求增加了，在这个过程中有什么需要注意防范的？

在国内方面，最近一些城市也出现了一些本土病例和无症状感染者，这是不是意味着冬季疫情可能有所反弹？

前不久，您提出了新冠病毒出现了"环境传人"的新课题，我们应该怎么理解？怎么应对呢？

目前国际上和中国的疫苗研发进展分别是怎么样的？

哪些人群必须接种疫苗？普通人有没有必要接种疫苗？是不是我们接种了疫苗之后就不需要戴口罩了呢？

……

根据问题，我们可以知道被访谈者要讲哪方面的内容，所以阅读的时候，对不感兴趣的问题就可以整块地跳过去，而对于关心的问题，则可以认真细读。

互动式结构的文案优点之三是适合发掘热点。它一方面表现在刚刚提到的能够让受众一眼就看到关心的问题，另一方面就是可以为受众更大程度地还原热点事件或者话题关键人的真实态度和观点。

我们在写新闻或者各类文案时，即使自己想客观陈述、不表现立场，但必定还是要先对收集来的素材进行理解和提炼，然后才能形成文章。这个"理解和提炼"就很容易出现偏差。而互动式文案省了我们的"理解"环节，直接引用与热点事件或者话题关键人的访谈、对话，能够反映出更大的信息量，使受众客观全面地进行自主了解和判断。同时，受众声援或者质疑的互动评论会更加多样化，也可以进一步提升事件、话题的热度。

互动式文案的写作

互动式文案的标志性特点是有问有答。

我们平常能够看到的网站、App、产品说明书中的帮助文档，作为对用户经常遇到的问题的集中解答，就是其中的一类。

有些知识型或者经验型文案有时也会使用有问有答的互动式结构。在这里，我们重点解析一下涉及热点事件和话题的互动式文案的写作。

互动式文案写作需要下大功夫的地方往往不在写作本身，而在前期的准备上。

①选定互动对象

对于互动式文案而言，其互动对象并不指向所有人。

前面已经提到过，互动式文案的互动对象的选择应该遵循的原则是：要么有知名度，要么有热度，也就是热点事件或者话题的重要关联人。离热点事件或者话题最近的人，尤其当事人，是首选。

假如有机会接触到中国探月工程团队的所有人，而你要围绕探月工程做个访谈，你会选择谁呢？选后勤保障部门的主管？不会的。虽然团队中的每一个人都很重要，但你一定是选探月工程总指挥，退一步也要选副总指挥，对不对？因为他们才是掌握探月工程最全面、最权威信息的人，他们才能回答更多大家关心的问题。

而社会热点事件更是如此。2020年年底，一位家长因不满老师的做法愤而退出家长群。他说：

> 我就退出家长群怎么了？你们上课不用心教，下课叫我帮忙批改作业，那要你们干什么？我那么有时间收群消息，我不会自己教吗？整天不是让我去报补习班就是让我帮忙改作业，改完作业还要昧着良心说老师辛苦了。说实在的，辛苦什么？教我教，改我改，是谁辛苦啊？

你应该去找谁对话呢？

首先是这位家长，他是事件的当事人。其次，是孩子所在学校的校长，他离这个事件足够近。再次，是知名学校的校长和知名的教育专家。为什么要加上"知名"来进行限定？因为他们身处教育行业，可以和这个事件产生关联，但距离已经有点儿远了，需要他们的权威身份加以弥补，受众才会认为他们作为受访者的观点有价值。

②准备互动问题

确定了互动对象，接下来就是准备互动的问题。这些问题应该是目标受众最好奇、最关心的，而且目的性要强，即围绕一个中心去提问。

准备问题前，应对被访谈者或对话对象以及相关的事件、话题进行深度了解，包括相关和相反的信息。

例如要针对一款新产品访谈这家公司的CEO，那么你需要事先了解这款新产品的性能、优势，还需要了解该行业发展状况、市场情况、竞品的特点和优势等。这样与对方对话时，不仅可以问到点子上，引起他的共鸣，也更可能挖出深层的信息。

如果是和热点事件的当事人交流，事先更需要了解整个事件的来龙去脉；了解社会舆论在这一事件上的反应，存在着什么特殊的关注或质疑的焦点；甚至了解之前有没有发生过类似事件，如果有，其发展结果如何；等等。

做好这些准备后，互动问题的设计一定要具体，从宽泛问题向细节问题一步步靠近核心；要能够打开对方的话匣子，不给对方用模棱两可的答案回答的机会。除了自己和受众感兴趣的问题外，你还应该有意准备几个能"刺激"对方的尖锐问题，以便在对方表现温暾或者抵触时抛出来。例如：

> 我了解到你们的对手××公司去年就推出了类似的产品，但至今没有打开市场，你们的新产品会不会遭遇同一情况？

面对这个问题，被访谈者一定会讲自家产品与竞品的不同，现在的市场情况，对手的产品遇到了什么问题，是什么原因造成的，以及自家要怎么去破解等。

如果是社会热点事件的当事人，当你对他的表述不满意时，你不妨追加一句："但对方（另一方当事人）和你说的完全相反呢。"那么他马上会做出更详尽的辩解。

不过，这些问题都要有一定的依据。如果凭空编造，那么越尖锐只会越激怒对方，使对方产生强烈的抵触情绪。

③互动中的应变与引导

我们在互动交流中要当好倾听者，切忌喧宾夺主。不过，我们也要做好交流中的应变和引导，保证访谈或对话的效率和效果。

在这个过程中有几点需要注意。其一，提问尽量做到语言简洁、表达准确。有些人喜欢在交流时过度表达自己的观点，结果往往抢了互动对象的戏份，最终得不到对方的答案。再或者在提问时，又是举例子、又是绕圈子，等到问出问题要互动对象回答时，对方已经不能抓住问题的重点，造成敷衍应答或答非所问。

其二，要利用提问下一个问题或者插话追问把握交流的节奏。交流中，我们要让互动对象尽量表达完整，但遇到对方长篇大论地表达或者跑题时，也要通过巧妙地插话将交流方向及时引回来。

其三，尽管我们已经准备了访谈或者对话的问题，但在交流过程中，要对互动对象的言谈保持敏感，一旦发现其话语中有新的问题出现时，就及时抓住，进行追问和发掘。许多时候，这些无意中被捕捉到的新问题反而会成为文案的亮点。

其四，当你交流了半天，却一直无法获得想要的观点或者对方索性不愿谈及某问题时，你可以试试阐明自己的观点，然后进行反问。

例如，与其问："你怎么评价这些人恶意维权的现象？"不如直接一些："这些人的恶意维权不是为了保护自身权益，而是以对方顾忌时间成本作为要挟，非法牟利，这已经有违公序良俗。你说是吧？"

④写作时的素材筛选

互动式文案的开头并不是直接开始对话，而是会有一段背景介绍或者关于访谈或者对话内容的综述。有些不太重要的内容可以放在这部分里面，既能保证信息的完整性，又能保证后面的互动内容条条精彩。

后面互动内容的写作就是对问题和素材的筛选排序过程。

选择的问题和素材要满足两个条件：一是紧紧围绕中心话题；二是问题和回答都是受众特别关心的，有着新的看点。

例如，《新冠疫苗"王炸"发布：全民免费》一文，问题和素材是这样选择的：

> 个人需要负担疫苗成本吗？接种是自愿的吗？
> 将有多少种疫苗可供选择？保护效果如何？
> 新冠病毒在不断发生变异，是否会影响疫苗的保护效果？此次附条件上市的新冠疫苗是否能够应对变异后的病毒？

这篇文案围绕的中心话题是"新上市的新冠疫苗接种"，而问题从疫苗接种成本，到疫苗接种可选择的种类，再到疫苗接种的效果，都是在疫苗刚上市阶段大家普遍关心的问题。

此外，在筛选素材时，对一些可留可不留的问题建议直接舍弃，这样的互动式文案才会更精彩。

PART 05

第五章

创作精彩开头：5种方法，牢牢抓住读者注意力

我们逛街时，如果看到一个门头的招牌是自己感兴趣的，就会走进去。一进门廊，如果有服务员走过来："欢迎光临！我们店铺的分区是……您是自己看看还是我陪您看看？"你一定感受不错。但如果进门一看，门廊灯光昏暗，再往里望，连个服务员也看不到，你很可能就会心里打鼓，连忙退出去。

人们浏览信息的习惯和逛街差不多。门头招牌就是文案的标题，门廊就是文案的开头。标题把人吸引进来，但读者是否继续读下去，还要看开头能不能留住人。

假如他就此转身离去，你所传递成功的顶多是一个标题的信息，辛苦写成的文案仍要算作没有价值。

标题吸引人，开头留住人。只有留住人，文案才有可能影响到人，实现转化。也就是说，文案的标题完成集客的任务，开头则关系到客户的转化，关系到文案兑现自身的价值，其重要性不容小觑。

在这里，我总结了6个可以使文案开头更吸引人的方法。

5.1

用结果开头：
把开头做成"钩子"，吸睛又勾心

用结果开头，就是把原本需要一步步铺陈，放在最后的结果拿到开头来说。这种方式可以让受众第一时间抓住要点，即使他中途放弃阅读，你也不用担心他错过了重要信息。

不过，既然开头要"吸睛"，那么你就要做好详略的处理，让开头成为一个钩子，将受众想了解更多信息的好奇心勾起来。

我们结合用结果开头的几种情形来看一看，如何做到"吸睛"又"勾心"。

情形一：倒金字塔式结构的文案

前文讲过，倒金字塔式结构是把最重要的内容放在开头。来看《2020年我国GDP首破100万亿元大关》的开头：

国家统计局18日发布数据，初步核算，2020年，我国国内生产总值（GDP）1015986亿元，首次突破100万亿元大关。按可比价格计算，比上年增长2.3%。分季度看，一季度同比下降6.8%，二季度增长3.2%，三季度增长4.9%，四季度增长6.5%。

这篇文章开门见山，把"2020年，我国国内生产总值（GDP）1015986亿元""首次突破100万亿元大关""比上年增长2.3%"几点关键信息都交代了。接下来的内容只会是各项指标的解读，大多数受众已经不太关心。

这篇资讯的开头几乎没有给后面的内容留"活路"，做到了"吸睛"，但"勾心"就谈不上了。我们来看另一篇倒金字塔式结构的文案——《重磅政策出炉！关系你的户口、钱包》的开头：

推动户籍准入年限同城化累计互认、开展个人破产制度改革试点、加强和改进反垄断与反不正当竞争执法、建立常态化退市机制、鼓励重点城市增设一批离境退税商店……1月31日，中共中央办公厅、国务院办公厅印发的《建设高标准市场体系行动方案》对外公布，一系列重磅政策出炉，关系你的户口、钱包、消费、炒股等。

这篇文章也是开门见山，一下就把最重要的内容书写了出来，提到了"推动户籍准入年限同城化累计互认""开展个人破产制度改革试点"等一系列重磅政策的《建设高标准市场体系行动方案》的公布。最重要的信息已经说完了，但后面又加了一句"关系你的户口、钱包、消费、炒股等"，这句话就有着"勾心"的作用，相信多数人看了这个开头之后，一定会继续读下去。

比较这两个开头，我们可以发现一点不同，就是第二篇的开头增加了一句与受众拉近距离的表述，起到了"勾心"的效果。

这一点启示我们，在采用倒金字塔式结构写文案时，在表达完最重要的结果后，拉近与受众自身关联的"勾心"动作不可少。

情形二：一些实用型文案

实用型文案是向受众传输某种有用的知识、方法、技能或者技巧，通常比较受欢迎。这类文案的开头就可以先把结果讲出来，再在接下来的正文中解释，这样可以收到比较好的传播效果。

自媒体"小儿外科徐果"有一篇文案为《吃芹菜为什么会引起血压升高？》，开头是这样的：

这两天，有一位30岁左右、肥胖又伴有高血压的男性网友向我咨询：芹菜有降血压的作用，为什么自己天天吃芹菜也没有什么效果，甚至血压还会往上升？我跟他说，芹菜是一种健康食材，长期吃对控制血压有一定的帮助。吃完芹菜血压会上升，这种情况不应该会出现。于是我仔细询问了他的操作过程，原来是与烹饪不当有一定的关系。

我们普遍掌握的知识是"吃芹菜有助于降血压"，这篇文案的作者却遇到了一位网友反映自己"天天吃芹菜也没有什么效果，甚至血压还会往上升"。这个开头不仅提出了问题，而且作者直接给出了结果——"原来是与烹饪不当有一定的关系"，为受众揭开了谜底。

开头就揭开了谜底，那么怎样才能"勾"住受众继续看下去呢？《吃芹菜为什么会引起血压升高？》采用的方法是激发受众的好奇心：吃芹菜血压不降反升是与大家的认知相矛盾的，而作者认为之所以如此，是因为"烹饪不当"，那正确的烹饪方法是什么样的呢？

想"勾"住受众继续看下去，还有一种方法是颠覆受众的认知，让受众有兴趣继续探索下去。例如：

柿子在很多人眼里却不能随意吃，因为传言它在食用上有很多禁忌。比如，柿子和螃蟹一起吃会得结石，柿子和牛奶鸡蛋一起吃会腹泻等。其实这些，早在85年前就辟过谣了。

虽然看到这个开头就掌握了所有的重要信息，但是你仍会继续往下看，了解这到底是怎么回事。

另外，还可以以干货胜出——你的文案给出的知识、方法、技能或者技巧确实非常实用，而且许多人能够用得到，比如生活、工作中的一些小妙招等。

情形三：一些销售型文案

卖东西当然要有卖东西的觉悟！销售型文案更适合上来就吆喝卖什么，所以最吸引人的话一定要放在最前面，告诉受众你要干什么。

叮咚，您有一份新年礼物送到！来自花园名都大酒店的特价套餐！

请可爱的花园宝宝们来接收大礼，花园名都新年大促，全年最低价，抢购加急！特价自助餐、特价客房来袭，一周抢购倒计时，囤货加紧！

"花园名都新年大促，全年最低价，抢购加急！特价自助餐、特价客房……"看着就有热火朝天的感觉，是不是？

再看送福利的：

儿童励志题材影片《点点星光》将于1月15日公映，"广州文化产业"公众号邀粉丝免费观看该片。

一句话说得清清楚楚。

总结一下，这两个开头共同的特点是"强调了受众能够从中获得的利益"。遵循这一特点，产品销售的文案也可以写得轻松快意。

在这里需要提醒你的是，人们写文案的时候，习惯于思考"我有什么""我可以带给用户什么"，以自己为出发点去考虑问题，但要打动受众，不妨转变一下角度："围绕这个产品，用户最需要什么？我能怎样满足他？"然后，把你思考得出的答案写到文案的开头。

山有木兮木有枝，甜甜的车厘子吃不吃？

生长于日照充足、温度适宜的地方，每一口饱满多汁，都是大自然的馈赠！29.8元/斤的JJ级智利车厘子，每批次核酸抽检检测合格，买得放心，吃得安心。

这个开头摘自某网站销售车厘子的文案。

持续到2021年年初，由国外输入我国的多批车厘子、冷链产品等被检测出核酸阳性。这种情况下，用户想吃车厘子，除了它的甜美多汁，更需要考虑食品的安全性。这个开头除了突出"甜甜的车厘子""每一口饱满多汁""是大自然的馈赠"外，还专门强调了"每批次核酸抽检检测合格，买得放心，吃得安心"，正是在针对用户更关注的食用安全问题给出答案。

情形四：一些叙事类文案

在叙事类文案中，先把事件的结果提到开头，然后再从事件的开端按事件发展的先后顺序进行叙述，是常见的一种写作手法，叫作倒叙。

倒叙本身就具有更易于吸引读者注意力的效果。例如《大婚当天新郎不在，新娘自驾去了婆家……》的开头：

> 没有喜宴宾客，没有接亲队伍，甚至没有婚车司机，连新郎都远在 3500 公里外……新娘崔哲自驾前往婆家，自己完成了婚礼。

"没有喜宴宾客，没有接亲队伍，甚至没有婚车司机，连新郎都……"这是一个特殊的婚礼。这个开头以对比法切入，用倒叙的形式交代了结果——"新娘崔哲自驾前往婆家，自己完成了婚礼"。

叙事类文案的倒叙写作除了对比切入法外，还有开门见山法、触景生情法、抒情切入法几种技巧，例如：

☆ 开门见山法

小孩子顽皮起来，真的是挡都挡不住。这几天，小外甥放假被送来，我算见识了什么叫"大闹天宫"。

☆ 触景生情法

合租的室友回家第三天，就发信息说自己刚刚出门"被人参观了一次"。我倒松了一口气，因为我上个月已经回了一趟，这次响应"就地过年"的号召，也正好不用再去忍受"奇葩"的相亲了。

☆ 抒情切入法

人活一辈子，要走许多的路，难免哪一会儿就遇到了困境。幸运的是，我每次都能遇到贵人相助。我更要感谢我的导师孙琦，让我抓住了那个稍纵即逝的机会。

5.2

用悬念开头：
像说书人一样"卖关子"

不知道你有没有在收音机或者App上听评书的经历，一部小说总是被描述得跌宕起伏，让你一集一集地听下去，欲罢不能。我记得小时候每到了傍晚的评书时间，恨不得走到哪里都带着收音机，唯恐少听了一句。

为什么很多人那么痴迷于说书人的评书？究其原因，是因为说书人会"卖关子"，尤其那句"欲知后事如何，且听下回分解"之前的"关子"更是把听众的胃口吊得足足的。

文案的开头要想"吸睛"，当然也可以向说书人学习"卖关子"，也就是在开头设置悬念。

那么如何在开头设置悬念呢？我总结了一下，常用的方法有四种。

方法一：倒叙法

倒叙的方法已经在上一节讲过了。

在写作中，有些方法是叠加使用的。例如标题"【提醒】多个孩子被噎身亡！'剪刀、石头、布'关键时能救命！"在制作时就用到了贴近新闻法、骇人听闻法、实用经验法和警示提醒法。

在写作的开头，一段文字也可以综合运用到几种方法。

"我高考0分！"近日，安徽淮南的一个天台上，辅警朱庆鹏大声喊出这句话，将一名想要轻生的女孩顺利救了下来。

这是一个采用了倒叙写法的开头，在文章开头就交代了事件的结果——一名想要轻生的女孩被顺利救下。但这个开头无疑给大家留下了一个悬念：救人为什么要大喊"我高考0分"？难道这句话在救人过程中发挥了重要作用？

使用倒叙的方式设置悬念，最重要的是要选好能引起受众兴趣的部分，再就是考虑好要将多少关键信息同时透露出来。

在上面的示例中，辅警大喊"我高考0分"是事件的亮点。在各种救人的场合，出现这样一句话是非常出人意料的，而且看不出这句话和救人是否有直接的关系，所以选择它更容易让受众感觉到"一头雾水"。

至于其他的关键信息有什么，我们来还原一下整个事件。2021年1月31日傍晚，淮南市公安局体育馆警务驻勤站接到群众报警,称某小区26楼的天台上有人要跳楼。接警民警和辅警赶到后,看到一名女孩正悬坐在天台边缘,边哭边拒绝他人靠近。在大家不停地劝说和安抚下,女孩说出了想要轻生的原因——"这次考试没考好"。女孩提到考试失利后,情绪更加激动,危急时刻,辅警朱庆鹏急中生智,对着女孩大喊:"我高考0分!"女孩听后一愣神,共同出警的民警田丰趁机一个箭步冲上去将其抱住救下。经了解,女孩正在上初三,因为最近一次考试没考好而想不开。朱庆鹏事后坦言自己并非真的考了0分,当时大喊是考虑"孩子自尊心强,我就要表现得不如她"。

可以看出,这一事件的关键信息还有"女孩因考试没考好而欲轻生""喊话辅警只是谎称高考考了0分"。不将这两点信息表述到开头里,一方面可以使开头的表达更加简洁明了,另一方面则能够放大悬念。

方法二:设置疑问法

设置疑问法是指在开头直接提出问题,引导受众去思考、探索。

如果说眼睛是心灵的窗户,那么眼镜就是心灵的窗帘,近视手术成了扯下这道帘幕唯一的方式。尽管早在1943年,日本医生Totumo Sato就发明了用钻石刀改造角膜的RK近视手术,但直到今天,还是有很多人对近视手术的安全性心存怀疑。

　　时至今日，近视手术真的安全吗？术后会留下哪些后遗症？风险和健康如何平衡？手术那么好，为什么眼科医生还在戴眼镜？这篇文章都会给你答案。

这个开头摘自自媒体"硬核看板"的《第一批做近视手术的人，现在后悔了吗》，接连4个问题，无不吸引着受众去探究。

对一篇传播知识的文案来说，开头设置疑问的目的是引发受众的好奇心。

设置疑问还可以借机去戳中用户的痛点。

　　如何才能提高店铺销量，实现日出千单？

　　恐怕这是许多电商卖家希望找到答案的问题。这也是曾经困扰我很久的问题，因为我一直只能算是电商小白，每天最多也只有几单。后来，经过四处求教，我开始尝试使用关键字广告打出爆款，带动店铺整体流量，近期，我的店铺终于实现了日出千单的目标！

　　今天我就用自己真实的经历，向各位客官讲一讲我是如何用关键字广告来打造爆款的。

开头第一句是个疑问，但这个疑问一下就问到了受众的心里去。网上那么多开店的人，别家都忙不过来，为什么我的店里下单就那么少呢？你要给出答案，那我赶快往下读。

此外，设置疑问还可以引发共鸣。

去年听演唱会的时候，台上的歌手问了观众一个问题："曾经陪你听演唱会的人，如今还在你身边吗？"有人看着身旁的人笑了，有人看着空空如也的身旁沉默了，还有人，偷偷地躲在人群里红了眼眶。

那么你呢？曾经不顾一切去爱的那个人，你们有结果了吗？

这篇文案用一个场景将你代入，慢慢引导至同频，引发共鸣，让你随着文案去思考它提出的问题，开始陷入对方设定的意境里，而后想知道被它带去哪里。

方法三：矛盾冲突法

文案的开头就将事件行为中或者观念认知上的矛盾冲突呈现出来，可以让人顿生疑惑，产生探寻答案的好奇心。

朋友，你看过调解类节目吗？这类节目真是毒瘤。

姑娘小时候被抛弃，如今大了父母来认亲，调解员们催促着她赶紧叫爸妈。老婆出轨还生了别人的孩子，调解员催着老王要宽容，接受这份爱的礼物。我很想问问这种类型的调解员，良心这东西你们有吗？

你认为一个从小被抛弃的孩子面对突然来认亲的生身父母能够心无芥蒂吗？你认为一个丈夫面对出轨且生了别人的孩子的老婆可以欣然接受吗？想必绝大多数人的答案都是否定的。

但这次电视上的调解员却催着孩子赶紧叫爸妈，催着丈夫接受别人的孩子。这个开头所呈现出的正是调解员的行为与人们普遍认知的矛盾和冲突。

另一种类型的矛盾冲突来自事件本身。

近日，在长沙某小区，业主周女士查看新房准备装修，意外发现卫生间房顶被打了2个洞，还安装了排水管。原来是楼上业主安装蹲便器，在没有征得她同意的情况下，在地面打洞并进入她房屋安装了排水管。

新房卫生间房顶被打了2个洞还安装了排水管，而且是楼上业主在没有征得房主同意的情况下做的。这是一个冲突性事件，房主的权益受到了侵犯，那么前因后果是什么样的？楼上业主是怎么进的门？接下来事件又会怎样解决？一系列问题都有待读者继续读下去了解答案。

方法四：设置难题法

有的人喜欢做数独，是因为破解难题能给人带来乐趣。长期以来大家之所以喜欢看悬疑推理小说，也多是出于这种心理。

所以，还有一种利用悬疑引人入胜的开头方法——设置难题法。

①提个问题难住你

来看看自媒体号"科学家庭育儿"这篇文案的开头：

> 前两天，大学同学突然在群里发了一张他儿子幼升小的备考题目，一下给大家看蒙了：
>
> 下面的巴士是往哪边开的？左边还是右边？
>
> 为什么呢？
>
> 往左开？往右开？这两边不是一样的吗？看大家满头问号，朋友慢悠悠地给出了答案：
>
> 中国的巴士都是单侧开门，车门一般在车的右侧。而图

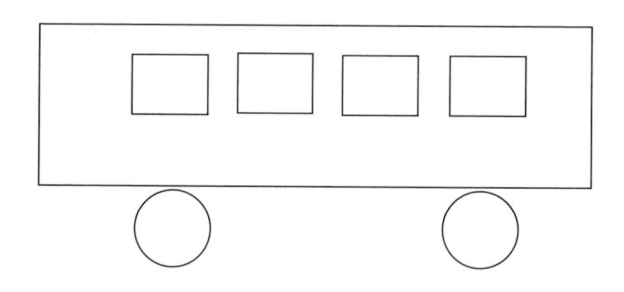

片上没有车门,所以面向我们的是车的左侧,也就是说,车向左开。

答案一出,群里炸了。要知道,这题表面上看是一道数学题,看完分析才发现里面融合了生活常识、推理和判断。

朋友接着解释:"这是这两年幼升小的常见题目,逻辑思维已经成了必考点。如果孩子不会判断和推理,很可能在幼升小时就被难倒!"

文案开头这个幼升小的备考题目有没有难住你?相信不少成年人都很晕。我问了我的儿子,他上幼儿园的时候很善于破解这类题目,现在上三年级反倒答不出来了,看样子随着年龄的增长,思维活跃性是会下降的。所以如果你被难住了也不必自责,我举这个例子是想问你,你有没有发现自己有这种心理——越是被难住,越是想了解得一清二楚?

②说个情况绕晕你

与"提个问题难住你"有着异曲同工之妙的,是"说个情况绕晕你"。遇到这样的开头,看完后你会发现自己反倒迷糊了,其中有问题让你想不通,甚至搞不懂。例如,公众号"人物"《没有心跳的人》这篇文案:

王洋洋是一位数学老师,家在沈阳,平时最大的爱好是说脱口秀。他最近一次登台表演是一个多月前,从沈阳来北京参加单立人举办的原创喜剧大赛。初赛那天，王洋洋穿着一件白色的马甲，那是他为上台表演特制的，马甲内侧有两个很大的兜，兜里装着的——是他的"心脏"。

兜里装着"心脏"，这是怎么回事？即使结合标题《没有心跳的人》，恐怕也想不通，甚至更迷惑了。想知道谜底吗？那就请接着读下去。

③让你找答案，但一直找不到

这是推理小说最常用的招数。

开头就展示一个场景，然后提供部分线索，引导你寻找答案，你分明感觉答案很近，但情节的发展又扑朔迷离，有些线索断了，有些线索偏了……你屡经波折终于拨开了重重迷雾，却发现自己已经读完了整篇小说。

你可以找推理小说读一读，由于篇幅过长，在此就不举例子了。

用故事开头：
人天生就爱听故事

我刚由时政记者转做财经记者的时候，常常感觉写出来的报道枯燥乏味，于是向一位资深的同事请教："怎么才能把财经报道写得更有可读性呢？"

他的回答很简单："讲故事。"

他建议我多看看西方的一些老牌财经类媒体，它们再宏观的报道也会从一个故事写起。其实到了现在，我们的媒体报道不再像最初那么严肃，国内的一些记者也开始熟练地使用这个招数了。

最近几年，在湖南长沙开密室逃脱馆的老马生意越来越难做。2020年年初，偶然的机会让他了解到剧本杀，在线玩了两周之后，他决定放弃密室逃脱，改开剧本杀门店。当疫情防控趋于稳定，老马的剧本杀生意越来越好，改装门店投入的20万元刚满半年就回本了。后来，他不仅扩大了规模，增加了主题陈设，还多雇了4名店员。当然，定价也从每人每次100元涨到150元，而且生意之火爆丝毫没受涨价影响。

也许很多人还不知道剧本杀是什么，也没有亲身体验过，但是这并不妨碍剧本杀"野蛮生长"，成为令人瞩目的新兴文娱业态。

《中国文化报》要报道中国剧本杀市场的现状——"中国剧本杀市场规模破百亿元：朝阳之下，暗流涌动"，却从湖南长沙一名经营者的转业故事写起，虽然不一定太精彩，但读起来已经轻松了许多。

人类普遍对故事没有抵抗力。我们小时候会缠着大人讲睡前故事，等长大了，读小说、看电影，甚至朋友小聚聊聊天，读的、看的、聊的、听的，都是故事。办公室里，一位同事进来："嗨！我刚遇到一件有趣的事儿！"听了这话，大多数人都会把耳朵竖直，等着听故事。

所以，你的文案开头要想吸引人，当然可以一上来就讲个故事。

在我们日常的文案写作中，能够被采用的有5类故事：新闻故事、影视故事、名人故事、传说故事、身边故事。

类型一：新闻故事

新闻故事一般都比较吸引人。因为故事之所以能够成为新闻，必定有话题性，而且新鲜。如果是热点新闻事件，就更自带了热度和流量,能够使文案在各搜索引擎中都占据关键词优势,吸引来更多的眼球。

一篇名为《压垮成年人的家长群:退群的是勇士,但……》的文案是这样开头的:

> 近日,江苏一家长称老师要求家长批改作业、辅导功课,使得自己承担了老师应负的责任和工作,于是大呼:"我就退出家长群怎么了?"
>
> 这位家长的问题引起了无数家长的共鸣,纷纷出来吐槽自己工作到很晚,回家还要给娃辅导作业、检查作业、发学习视频的亲身经历。

热点新闻事件还有一个好处,就是如果它还在热度期内,你的引用就可繁可简,受众会很容易就领会到你的意思。不过,有时候一些有意思的旧新闻也可以被利用。

类型二:影视故事

影视故事往往也是大家所熟知的,所以讲述时更容易为受众所理解。而且,用这类故事开头也便于借取热度。

> 近期热播剧《山海情》中,水花的父亲为了一口水窖和

一头驴,将水花嫁给隔壁苦水村的永富。自此以后,青梅竹马、两小无猜的水花和得福之间,爱情彻底终结了。

很多人说,得福在爱情里太没担当了。而水花,却没有一点儿埋怨。

话里话外没有,眼神里没有,心里也没有。

水花总是笑着,她笑里的坚强让人心疼。

"知足,感恩。"是水花对命运的领悟,也成了她生活的信条。

全剧中,水花唯一说过一段重话:

"永富,以后你发火,喊啥骂啥都行,就是不要把我和得福往一起扯了,我是娃她妈了,是你媳妇,说出这样的话,伤我,也伤你自己。你要真是混蛋的人,咱俩早就打着散了。你不是,我也知道你不是,这就是咱俩拴到一起的命。"

这段话……道出了一些夫妻吵架的禁忌。

这是自媒体号"静言live"所写的《〈山海情〉中,水花唯一的一句重话,道出了夫妻争吵的禁忌》的开头。《山海情》是2021年年初热播的一部电视剧,这篇推文由水花的情感遭遇引出了夫妻相处之道的话题。

类型三：名人故事

名人是热点新闻事件和影视剧之外的另一个"热源"。

讲名人故事通常有两个目的：一是为了引出自己要讲的话题；二是可以为自己的观点或者产品背书。

我们从小就知道"司马光砸缸"的故事，也知道"孟母三迁""爱因斯坦第三个小板凳"的故事，不过，我建议文案在选取名人故事的时候，要注意几个问题：

①选择知名度相对较高且没有争议的名人。
②故事尽量不为多数人所熟知。
③与要表达的内容关系紧密，有细节更可信。
④如果是当下的名人，其故事最好有出处。

类型四：传说故事

传说故事是指那些无法考证的故事。比如关于朱元璋的故事，乾隆与美食的故事，高僧点化人的故事，都属于此类。

用与文案主题相关的传说故事来开头，可以增添趣味性。

> 光绪八年，48岁的慈禧太后突然患上了一种"怪病"，不仅浑身懒散犯困，而且茶饭不思、恶心呕吐，太医皆束手无策。

大家一筹莫展之际，李鸿章举荐无锡名医薛福辰为慈禧把脉问诊。没想到，这位薛神医妙手回春，用一个奇特的药方，治好了太后的病。

事情到此本该皆大欢喜，然而，得知这个药方后，光绪龙颜大怒，立刻命人将他抓过来问责。

原来，薛大夫的药方，竟是一碗羊肉汤。

去餐馆吃饭，你会发现许多特色小吃的故事都与乾隆、宫廷等相关。这篇文案的开头更是一波三折。

总的来说，旅游美食、经营管理类文案中会较多地使用传说故事。因为传说的可信度是打折扣的，所以要想提起读者的阅读兴趣，建议选用的传说故事最好有一定的知名度，否则就是和故事相关的人物、地点有较高的知名度；而内容，要么深刻、要么有趣、要么离奇，总之要能够引人入胜。

类型五：身边故事

这是公众号"小来早晚安"的推文《和谁在一起，真的很重要》的开头故事：

前些天，和读者薇薇雅聊天，她说自从结婚后，自己就没过过几天舒坦日子。

老公是经介绍认识的，工作还算稳定，整个人看起来也干干净净。认识不到三个月，在家里人的撺掇下，他们就闪婚了。没想到婚后接触多了她才发现，老公是一个负能量爆棚的人。每天不是跟她抱怨工作有多难做，就是不断发牢骚说老板有多不体谅自己、同事有多难相处。

一开始，看老公在工作中遇到了问题，薇薇雅还会耐心地听他倾诉，想办法帮他解决。可时间久了，薇薇雅发现，在不断疏导老公的负面情绪、帮助寻找解决办法的过程中，她自己也变得特别丧。她会没来由地烦躁，时不时情绪低沉，甚至对工作也产生了负面情绪。

她试过和老公谈心，可不管她怎么说，老公就是听不进去。那阵子，薇薇雅的心情跌落谷底，她说自己真的快要崩溃了。

你会注意到，只要你能讲好，我们身边的故事同样精彩，而且更接地气。你可以根据文案内容选择身边故事的方向，例如，情感类文案可以写自己或者朋友亲历的故事；产品类文案可以写生产者或者消费者的故事；等等。

5.4

用细节开头：
描绘一个吸引人的画面

细节描写有什么作用？

上学的时候写作文，语文老师都一本正经地讲过："恰当的细节描写，能够起到烘托气氛、刻画人物性格和揭示主题思想的作用。"

放到写文案这里，我觉得老师们都讲得过于学术了。对我们而言，用细节描写作为开头，其实最重要的作用就是描绘出一个吸引人的画面，它能够服务于我们要传达的主题，更能够让开头读起来有意思。

> 老张被送进急诊抢救室的时候，已经变"傻"了。
>
> 他不再能够说话了，只会双眼凝视不停呻吟，甚至连动弹一下也不行了。
>
> 送他来医院的老伴说："夜里起床上厕所时还好好的，下午就变傻了。"

当然，我知道老张不是变"傻"了，而是中风了。

这个开头来自公众号"白衣大汉"的推文《急诊故事|突然变"傻"的老张》。它其实是一篇医学科普文，讲的是如何正确处置"醒后卒中"。细节描写使这篇文案的开头极具画面感，整篇文章也显得生动了。

比较适合于文案开头使用的细节描写可以概括为3类：场景描写、人物描写和心理描写。

《急诊故事|突然变"傻"的老张》开头虽然很短，但写出了场景的细节：老张只会双眼凝视不停呻吟，甚至连动弹一下也不行了，而送他来医院的老伴只是在无助地絮叨。作者用简笔描摹的方式突出了醒后卒中症状的严重性。

场景描写可以是动态的，也可以是静态的。如果你要写一篇人物探访的文案，你可以用对其生活或工作场景的描写开头。不过，无论是动态的还是静态的，场景描写要体现的是场面，而且这个场面中的某一点可以触动受众，就像上面例子中老张突然变"傻"一样。

人物描写的细节可以从外貌、神态、语言、动作等方面着手。下面是公众号"人物"的一篇推文的开头：

这位37岁的中年男子身上，很多东西被加速了。他走路快，十分钟能走完1公里；说话快，不仔细分辨很难抓住他句与句的气口；写字也快，有时一天能用掉一管全新的黑色中性笔芯；吃饭更快，去西餐厅，牛排得切好用筷子夹着吃，500mL的热牛奶三四口喝完。一切浪费时间的事情，都是他的敌人。

范志伟，是东南大学附属中大医院江北院区的一名急诊科医生。不说话的时候，他看起来就是那种最普通的医生，中等个子，留寸头，戴着眼镜，粗糙的双手上留着橡胶手套的白色粉末。可一旦他开口，急诊医生的特点就全都显露出来，办事风风火火，干脆利落，急起来嗓门大得很。他抱怨最近急诊科来了个小护士，说话和蚊子似的："哪儿行啊，急诊就得大嗓门。"

这篇推文的题目是《急诊室的日与夜：最后一支多巴胺，该给谁》。文中人物性格鲜明，他急性子的特点"快"到我看了都禁不住想："这还是医生呢，热牛奶三四口喝完，这样快速吃东西健康吗？"

通过细节快速了解了这个人，接下来自然就会关心他的事，开头的一番描写作用也就达到了。

因为原文比较长，所以这个开头也有些长。我们写文案时要注意把握长度，避免因过长的细节显得拖沓，既影响了文案的结构，又消磨了受众的耐心。

接下来说说心理描写的运用。

心理描写通常有两个吸引人的地方。一是情绪的走向，主人公是开心、痛惜，还是愧疚？不论是哪一个，有着原始窥私欲望的受众都会很好奇。二是心理必定牵连的事件，这个事件因为是结合心理反应来讲述的，所以相对简略，给受众留下了探寻的空间。

我选了公众号"市界"一篇推文的开头部分：

这是丁曼第二次对父母萌生出巨大的愧疚心理。
……
如果她还想要这套房，除了需要付245万首付之外，还得再付245万元。每每想到这里，她便对未来失去希望，对父母的愧疚情绪更是快要淹没了她。

在这一部分里，作者一再强调丁曼内心的愧疚，对心理的描述先后使用了"巨大的愧疚心理"和"愧疚情绪更是快要淹没了她"，突出了生活变故对她的影响。受众在阅读过程中也不免随之产生焦虑——她运气怎么就这么背呢？问题到底要怎样才能解决呢？

用心理细节描写开头，重在抛出问题，进而引发受众对问题的关注。

5.5

用感受开头：
嗨！我们是一伙的

又要提到引发共鸣了。

在讲爆款文案背后的逻辑时，就提到过文案高手会格外注重利用共鸣"博共情"；在讲增强标题吸引力的8个实用技巧时，也提到过唤起情感共鸣的招数。所以引发受众共鸣的好处就不必多说了，在这里我要特别提醒的是，用有情感融入的感受作为文案的开头，比其他几种方式更容易引发共鸣。

这个感受，是指文案创作者自己的心情或者感悟。比如公众号"蕊希"的推文《我羡慕所有在爱里长大的孩子》。

前段时间的一天，我妈给我发了一个视频，视频里我弟弟的孩子骑在我爸脖子上哈哈大笑，我爸两手扶着孩子的手，头低着，脸憋得通红，一边喘气一边笑。我看着那一幕，忍不住鼻子一酸，因为那一刻，我突然觉得他好像我爷爷。

《岁月神偷》里说：在变幻的生命里，岁月，原来是最大的小偷。

看着视频里的我爸,我第一次感同身受了这句台词的意思。那一瞬间,我有点蒙,我努力去回想我爸到底是在什么时候突然变老的,为什么我竟然一点都没有发觉。

相对于标题,开头能够使用的字数比较多,所以更便于渲染和铺垫。这个开头从一段视频中父亲的一幕写起,引出自己的心情:"那一瞬间,我有点蒙,我努力去回想我爸到底是在什么时候突然变老的,为什么我竟然一点都没有发觉。"作者在自责对父亲的关注太少了。

其实,我们每个人又何尝不是如此?我们忙于学习、忙于工作、忙于恋爱、忙于小家,唯独忽视了父母在悄悄地老去。作者有感慨,也有自责:

常有人说,父母变老是一瞬间的事。其实不是的。这世上哪有什么事,是真的一瞬间发生的?所有的一瞬间,都只是我们自己在突然间发现了而已。

受众很容易就被文案开头的感受描写感染,并接受其中传递的信息,从而建立信任。那么,想让文案更有价值,用感受开头时通常该去传递什么样的信息呢?

信息一：我们是有着相同处境的人

想一想我们自己吧。

上大学的时候，一个班里的同学也是分圈子的，这个圈子形成的原因可能是相同的爱好，也可能是相近的生活习惯。毕业之后几年，再看一看身边，还保持着密切联系的早已少了许多，有人去做了公务员，有人去创业了，有人出国了等。

其实，无论是上学时还是毕业后，相同或相近的处境都是小圈子维系的基础。因为大家经历着相同或相近的处境，彼此才有更多的话题，减少了心灵沟通的障碍。

日常生活中，我们也习惯于对有着相同处境的人产生心理上的亲近感。有个成语叫"同病相怜"，就是形容有同样不幸遭遇的人会互相同情。

因此，在文案开头用个人感受去强调你与目标受众有着相同的处境，是快速获取受众信任的一种手段。

网上有个非常火的词，叫"丧偶式婚姻"。曾经，我想不明白它是什么意思，直到自己也结了婚，有了孩子，才发现这个词是如此的贴切。明明是两个人的生活，怎么那一个就像隐身一样消失了？忙家务、带孩子、挣钱养家，甚至是孩子生病跑医院，就这样硬生生过成了一个人的独来独往。

"丧偶式婚姻"是一种不健康的社会现象——家里管着孩子生活的是妈妈,管着孩子学习的是妈妈,去开家长会的多数是妈妈,孩子病了送去医院的多数还是妈妈。作者对这一处境的感受,会被更多正经历着"丧偶式婚姻"煎熬的女性认为道出了自己的心声。

同是天涯沦落人,相逢何必曾相识!于是,心有戚戚焉。

信息二:我是需要你认同的人

卖萌的文案、示弱的文案、感悟人生的文案,通常需要引发受众的同情、关爱或者认同。

众筹和求助的文案是比较常见的,其中有不少典范。

> 这几天,我在反复问自己要不要放弃。一年前,我怀揣梦想毅然决然地来到这座城市,以为靠着自己的勤奋和努力必定能够闯出一番天地。可事实总是那般残酷。时至今日,我还能再向父母伸手求助吗?还能再向几位收入微薄的朋友借钱吗?我到底要继续碰壁、再碰壁祈祷着幸运的到来,还是就此别过,返回老家的小城,在父母庇护下接受一份安稳却可以一眼望穿前景的工作?

无望却又不甘，于是反复追问，自己是留下还是离开？从文字里，我们能读出一个涉世未深的大男孩的那份纠结与迷茫。他脆弱得像枝头一颗已经萎缩的果实，恐怕轻轻一碰就会掉下来。他在等待着别人给他一个答案。

此外，还有一种感悟性的文案，来看这样的一个开头：

我曾无比渴望——有人为我上九天揽月，下五洋捉鳖；把我微信置顶，对我信息秒回。

仿佛那样才能彰显我的特别。

然而，直到现在我才发现：最舒服的关系，不是微信置顶，不是消息秒回；而是你心里有我，我知道，我心里有你，你知道。

作者有着自己的认知与思考，他需要的不是同情，而是倾听。作者讲自己对恋人关系认知的变化。从前，想着对方一定要能够海誓山盟，把自己捧在手里，含在嘴里。时光荏苒，催熟了心智，才发现爱情远没有那么复杂：能彼此把对方装在心里，并让对方知道，就是最舒心的感觉了。

作者透露出如此的心境，是诉说感悟，更是希望得到精神上的认同。

信息三：我是幸运的人，我的幸运能帮到你

实用型文案或者带货营销类文案会喜欢这种路数。例如一篇名为《顽固的痘痘终于从我脸上消失了，我想狂呼》的文案开头：

> 被可恶的痘痘折磨了整整8年，8年抗战！大家可以想象我的痛苦。现在终于解脱了，真是不狂呼不快！

我们比较容易看到这种文案，借消费者现身说法，谈自己的经历和感受，最终实现带货或者传播品牌的目的。

就像这一篇，接下来，作者讲了自己也许是"命不该绝"，一天坐公交的时候遇到了一大学室友，昔日两人的痘痘有得一拼，如今朋友的脸上早已白净无瑕。一问之下，原来她是"针灸治好的"……文案的结尾是：

> 对啦，如果哪位痘友想找这位医生，本人有他的联系电话，这里不便公开，如有需要，可发帖告知你的邮箱，我发给你。

看，是不是让人感觉"我终于幸运地找到了问题的解决方法，也能帮到你哦"？这篇文案写得直白了些，不过用现身说法来传播策略的效果还是很不错的。

5.6 用金句开头：既打动人又显"高级"

文学巨匠列夫·托尔斯泰的名作《安娜·卡列尼娜》是这样开篇的：

> 幸福的家庭都是相似的，不幸的家庭各有各的不幸。
> 奥布隆斯基家里一切都混乱了。妻子发觉丈夫和他们家从前的法国女家庭教师有暧昧关系，她向丈夫声明她不能和他再在一个屋子里住下去了。这样的状态已经持续了三天，不只是夫妻两个，就是他们全家和仆人都为此感到痛苦。家里的每个人都觉得他们住在一起没有意思，而且觉得就是在任何客店里萍水相逢的人也都比他们——奥布隆斯基全家和仆人更情投意合。妻子没有离开自己的房间一步，丈夫三天不在家了，小孩们像失了管教一样在家里到处乱跑。英国女家庭教师和女管家吵架，给朋友写了信，请替她找一个新的位置。

而翻开我国四大名著之一的《三国演义》，正文第一页最上面的文字是这样的：

> 滚滚长江东逝水，浪花淘尽英雄。是非成败转头空。青山依旧在，几度夕阳红。
> 白发渔樵江渚上，惯看秋月春风。一壶浊酒喜相逢。古今多少事，都付笑谈中。
>
> ——调寄《临江仙》

> 话说天下大势，分久必合，合久必分。周末七国分争，并入于秦。及秦灭之后，楚、汉分争，又并入于汉。汉朝自高祖斩白蛇而起义，一统天下，后来光武中兴，传至献帝，遂分为三国。推其致乱之由，殆始于桓、灵二帝。桓帝禁锢善类，崇信宦官。及桓帝崩，灵帝即位，大将军窦武、太傅陈蕃，共相辅佐。时有宦官曹节等弄权，窦武、陈蕃谋诛之，机事不密，反为所害，中涓自此愈横。

列夫·托尔斯泰和罗贯中两位大家不约而同地使用了"金句开头法"。"幸福的家庭都是相似的，不幸的家庭各有各的不幸"，以及"话说天下大势，分久必合，合久必分"和那首调寄《临江仙》都早已脍炙人口。

什么样的句子是金句呢？金句的特点是凝练而具有哲理，短短一两句却能够给读者以震撼或触动，并提升文章的立意。

用金句开头，除了能够用哲理短句发人深思，打动读者外，还能够顿时提升文案的格调，使之显得格外"高级"。在大多数人的感觉中，金句可不是随便谁都能张口就来的，这要有文化、有生活、有深度的人才讲得出，对不对？

那么怎样才能找到具有"高级"感的金句呢？

金句的来源有两种。一种是原创，这个有点儿难度，是需要训练的。我会在后面的章节中用一定的篇幅来专门探讨这个问题。另一种就是摘录借用，平时多积累，写文案时选择最恰当的用上去。

我们看两个例子：

> 最近，朋友圈里有句话很火：宠得多了就会放肆，忍得多了就会怨恨，所以爱要懂得分寸。
>
> 爱是两个人一辈子的事。天下没有生来就合适的两个人，所有的爱人要在交往与生活中磨合，相互迁就、改变，向对方靠拢。不要去刻意地委屈自己，否则有一天你终会发现，自己不是迷失在了爱里，而是作茧自缚。

> 罗曼·罗兰说："生活中最沉重的负担不是工作，而是无聊。"
>
> 真的是这样。

以上两个例子，一个借用了朋友圈里的一句话，一个则引用了名人名言。它们可以让受众一下就抓住文案的重点，知道作者将要表达什么。

被成功运用的金句，出处不是特别重要，重要的是能够画龙点睛，恰如其分地表现出作者的核心观点，触发受众的共鸣，并使其结合文案的内容引起深思且有所得。

我要特别提醒一下的是，金句除了被用于开头，也可以用于中间或者结尾。不过，在一篇文案中这类句子不宜过多，否则容易沦为高谈虚论。

第六章

PART 06

快速晋升写作高手：资深主编
不会轻易透露的 9 种路径

张爱玲在《论写作》的开头讲了自己的故事：

  在中学读书的时候，先生向我们说："做文章，开头一定要好，起头起得好，方才能够抓住读者的注意力。结尾一定也要好，收得好，方才有回味。"我们大家点头领会。她继续说道："中间一定也要好——"还未说出所以然来，我们早已哄堂大笑。
  然而今天，当我将一篇小说写完了，抄完了，看了又看，终于摇摇头撕毁了的时候，我想到那位教师的话，不由得悲从中来。

  写作果然是一件苦差事吗？张爱玲认为，基本的问题是：养成写作习惯的人，往往没有话找话说；而没有写作习惯的人，有话没处说。
  而对于我们，遇到的问题恐怕多数还是后者，每到要下笔的时候，往往茶壶里煮饺子——肚里有货倒不出。
  2019年下半年开始，我和关雪峰等几位老师在北京、济南等地组织了小规模的"文字表达公社"活动，针对有写作兴趣的朋友交流、训练写作技巧。经过尝试、验证，我总结出了提升写作能力的9种路径。

6.1

随心法写作：
信马由缰，破解禁锢思维

你有没有遇到过这样的情况：题目摆在那里，一个开头写了删，删了写，越想写越写不出，后来，千辛万苦凑成了，文章却好似没有灵魂？

这种情况不仅仅初学者会遇到，我们常写东西的人如果搁笔一段时间，再下笔时也会如此。我曾有两三年不大写东西，后来想重拾写作时就遇到了这种情况。面对这种情况，最好的应对方法就是先随心所欲地写些东西，为自己堵塞了的写作思维慢慢打开一个缺口，再逐步找回正轨。

随心法写作的核心是不刻意遵循什么范式和章法，而是围绕某个话题或者事件信马由缰，想到哪儿写到哪儿。最终，它可能成为一篇完整的文章或者只是未成文的片段，可能言之成理，也可能毫无章法，重要的是找感觉。

我恰巧翻出前几年搁笔一段时间后，苦于找不到感觉时随手写的东西：

夜晚，关灯躺在床上，突然想起了月光，想起了故乡的月夜。

我似乎一下又走在那亮亮的月光下，月光格外的皎洁、干净，甚至连夜空也隐约是深蓝的颜色。星星如钻石一般，远远近近地装点着。

冬夜的风十分清冽，走在这样的夜晚，地面已经冻实了，没有弹性，震得脚后跟隐隐作痛。手和脸也是木木的。因为是农闲时节，所以总会有村子邀请电影队放电影。我们便三五成群地叫了小伙伴，踏着亮亮的月光，从家里出发，到另一个村子看电影。至于具体放映的什么似乎并不是十分关心，在乎的只是老多人聚在一起盯着大银屏看，最后甚至会在清冽的冷风中靠着小伙伴的肩膀迷迷糊糊睡去。直到散场，大家才又呼朋唤友地踏着月光回家。

月夜里热衷的另一个游戏是躲猫猫。

有头没尾，写着写着又卡住了，于是放在那里。第二天，再随心地写别的东西。

随心法写作的关键在于写，在于理顺思维，别给自己太多的束缚，天马行空不着边际的想象都没关系，但要记住一点，就是要尽量围绕一个事件、一个话题或者一个关键词。写完了，可以再回过头来砍"树杈"，把无用的内容砍掉。

下面是思路受限时，我采用随心法写作训练后的文字：

面对着衣橱上不大的镜子，我将自己上上下下认真打量了不下100遍，终于再一次梳了梳头发，迈着富有弹性的步子走下了楼。

刚刚进入春天的太阳还比较温和，但我不禁抱怨自己的粗心，连忙又跑上楼取了墨镜戴上。墨镜是昨天晚上新买的，很干净。

我现在已经是名人了。一周之前，我和女朋友闹别扭，郁闷愤恨之余，翻出落满灰尘的吉他即兴创作了一首歌发到网上，结果竟招来了大量网友的点击。昨天，有一家造星公司不知怎么联系上了我，要我前去试音。

人总是难以保证好运连连。上公交车的时候，我刻意地扶扶墨镜，让自己抬脚的动作尽量帅气一点儿，可该死的踏板绊了我一个趔趄。就在我狠狠地回头看一眼的档儿，该死的公交车突然启动，我一下扑到了一名乘客身上。被我拥在怀里的是个中年男子，如果该乘客年轻貌美……"叔叔，您坐这里。"我正想入非非，一个小朋友很有礼貌地给我让座。看来做名人就是好，戴着墨镜都能被认出来，而且坐公交车都能遇到粉丝给让座位……

"你听过我的歌？"对小粉丝还是要表现得平易近人一些的，我还是新星，太飘了会招人讨厌的。

"叔叔会唱歌吗？您唱的什么歌？"

郁闷，原来是个假粉丝。幸好我戴了墨镜，小家伙一定没看出我的失望，原来名人们戴墨镜还有这个妙用。看在坐了人家座位的面子上，也看到车上这么多人正好可以宣传一下我的歌曲的份儿上，我竭力用最有磁性的声音告诉她："我唱的歌啊？《靠！吐你一脸》。"

小家伙"哇"的一声哭起来："妈妈，这个盲人叔叔说脏话！"

哼！这车没得坐了！

赶到指定的录音棚时已经迟到了5分钟。制作人是个胖胖的小胡子，但此刻他的脸拉得比电线杆都长："哼！你以为所有的人就你最重要吗？……"我只有赔着笑脸听着，心里想，看我大红大紫之后怎么收拾你，然后在头脑中拧了100次他红红的耳朵，敲了200下他亮亮的脑门。

我开始唱，还是我一曲成名的《靠！吐你一脸》。录音师一个劲儿地叫停，他和制作人的脸憋得像便秘一样，就是不让通过。

"你的声音！"他对着我的耳麦大叫，"简直比桌子腿还强直！"

当他第10次提到桌子腿的时候，我终于忍无可忍。名人也是有脾气的，我对他竖起了中指！

干瘦的我几乎是被制作人和录音师提着领子扔出录音棚的。试音泡汤了，想成为明星好难，不过还好，我不失望，我的歌曲还在网上接受着无数网民的点击，还会有造星公司联系我，我仍然会出名的，挡都挡不住……

我是不会唱歌的，写这段文字源自当时对某恶意炒作事件的反感，下笔之前并没有经过完整的构思，只是设想这个"我"自认为一夜"成名"，顿时不可一世，但没钱，只能坐公交车……继而顺着想象，想到哪儿写到哪儿，连《靠！吐你一脸》的歌名都是在写作过程中确定的。从行文中可以看出，用词、表达都非常随意，也不是我平素的风格，但我已基本找到了写作的感觉。

6.2

笔记法写作：
随摘随记，同步积累素材

记得上中学的时候，语文老师会特别建议我们准备一个摘录本，一遇到好的语句和段落就摘录下来，平时多读，写作的时候尽量用到习作中去。

这个方法很有效，摘录的语句往往可以给作文增色不少。但到今天，如果我们还想靠摘录写文案，就犹如大人去做孩子的游戏，有些不合时宜了。不过，我们仍可以借助摘录语句，来训练写作。

我把这种训练写作的方法叫"笔记法"，即把遇到的有价值的或有意思的句子摘录下来，将自己产生的感想也随之记下来。

自古以来，文人就有读书批注的习惯。我们都非常熟悉《三国演义》，现在的版本就是在清初文学批评家毛宗岗修订的版本上进一步修订的。毛宗岗读《三国演义》时也少不了随手写下个人的感想。

他读第一回"宴桃园豪杰三结义 斩黄巾英雄首立功"，其中一段批注写道：

> 今人结盟，必拜关帝；不知桃园当日，又拜何神？可见盟者，盟诸心，非盟诸神也。今人好通谱，往往非族认族；试观桃园三义，各自一姓：可见兄弟之约，取同心同德，不取同姓同宗也。若不信心而信神，不论德而论姓，则神道设教，莫如张角三人，同气连枝，亦莫如张角三人矣。而彼三人者，其视桃园为何如耶！

毛宗岗由结拜想到"今人"结拜是要拜关公的，进而想当时桃园结义，刘关张拜的又是谁呢？于是得出结论，"可见盟者，盟诸心，非盟诸神也"。一通想法记下来，很有意思。

做批注、笔记有一个好处，就是文字随心而发，哪怕只是只言片语，不一定要成文。从写作训练的角度来说，这降低了写作的难度。

我们随便翻开一本书，就圣·埃克苏佩里的经典儿童文学作品《小王子》里的内容吧：

> 原来，在小王子居住的星球上，就像其他所有的星球上一样，生长着好的植物和坏的植物。好的植物能够结出好的种子，坏的植物结出的种子也会是坏的。可是，只从外表看的话，种子是分不出好坏的。它们沉睡在泥土里，直到其中

的一粒忽然想要苏醒过来。于是，这粒种子就伸展开身子，开始小心翼翼地朝着太阳的方向顶破土壤，生长出一株纤细可爱的小嫩苗。如果这是一株萝卜或是玫瑰的嫩苗，它就可以自由地去生长。如果这是一株坏植物的幼苗，一旦被认出来，就要马上拔掉，不能让它长大。

因为在小王子居住的星球上，有些非常可怕的种子——猴面包树的种子。在那个星球的土壤里，这种种子泛滥成灾。而如果有一株猴面包树的幼苗，你不能尽快除掉它，就再也无法把它铲除干净了。它们的枝叶会快速布满整个星球，它们的根系在土壤中穿行，能把星球钻透。如果星球很小，而猴面包树很多的话，它们就会把整个星球撑破。

其中有一句，"只从外表看的话，种子是分不出好坏的"。你会想到什么？或者说，你可以在这句话旁边写下点儿什么？

我想到的是在老家干农活时，谷地里会生出狗尾巴草，两者的种子本身有点儿像，只是谷粒比较饱满。而谷苗刚刚长出时，狗尾巴草的小苗更和它长得几乎以假乱真。孩子跟着大人去谷地里拔草，很容易就拔掉了谷苗，却把狗尾巴草留下。后来我才学会如何分辨——用手捏住它们的杆感受一下，谷苗的杆是圆的，狗尾巴草的杆略微有些扁；等它们长得稍微大一点儿，狗尾巴草的杆靠近根部的地方通常有点儿暗红色，而谷苗则是一绿到底的。

你也可以认为，种子本来就是不分好坏的。大多数的植物，甚至有些农田里的恶性杂草，都有着自己的价值，它们的好与坏只缘于人类对它们的主观判断。就像狗尾巴草，虽是杂草，但也是牛、羊、马、驴喜爱的饲料，而且有着祛风明目、清热利尿的药用价值。

你还可以思考，作者在这里的写作是不是不够严谨？许许多多的种子是能够分辨出来的啊，为什么说从外表上分不出好坏？从网上搜一下，猴面包树的种子像棕褐色的小号蚕豆，它和谁的种子比较相像呢？

值得一提的是，笔记法写作除了能够提升写作能力，还能有效地为日后的写作积累素材。因为知识面越广的文案通常越有可读性，也更容易让受众感到眼前一亮。

记住前面提到的这句话，说不定某天我们写某篇文案时，就可以把它用进去：

> 记得在那本风靡世界的童书《小王子》中，有这样一句话："只从外表看的话，种子是分不出好坏的。"
>
> 只从外表看，在儿童的世界里，种子是分不出好坏的，而在成人的世界里，人也是分不出好坏的。所以，某些暗藏了坏心的人，就很容易隐藏在我们身边，直到他的坏心"发了芽"……

6.3 增补法写作：
增补细化，解决干巴枯燥

如果拿到一大盒拼图，你会怎么拼？

最好的方法是，把每片拼图先翻到正面，再把带直边的找出来，然后把能看出来的部分放到既定的位置，由边框向中心一块块拼上去，使之越来越完整，最后完成拼图。

增补法写作就有点儿像拼拼图。

先把能写的筋骨一样的东西写出来，然后循着单薄的地方进行增补、丰富，最终将多余的、与主题关联不大的内容拿掉，就形成了一篇完整的文章。当你感觉自己写的东西不够生动时，这种训练方法会很有效。

文案干巴多是由于信息含量不够。

看以下文字：

　　这是我花自己赚的钱买的第一件衣服。

　　上大学的时候我就很羡慕有些同学有牛仔裤，参加工作后，终于领了工资，第一件事就是跑到西市场那里的华联，狠狠心花140多元钱买了一条某品牌的牛仔裤。

回到家高高兴兴地拿给母亲，说裤腿有点儿长，请她帮我裁一裁。母亲接过来，看了看说："你弟弟也正要买一条裤子呢，他比你高，应该穿着正好。让他试试吧。"

我心里不情愿，但也无法反对，那是我弟弟，而且只是试穿而已。结果，我的第一条牛仔裤就这么给了弟弟。

直到今天我还记着"我的"这条牛仔裤！

这样写内容是完整的，看着没有问题，但又确实有点儿干巴。我们来使用增补法充实一下。

哪里可以增加内容呢？那就看哪里能发现问题。

"上大学的时候我就很羡慕有些同学有牛仔裤"，为什么会羡慕？

"狠狠心花140多元钱买了一条某品牌的牛仔裤"，140元很多吗？花140多元钱为什么要说"狠狠心"？

"我的第一条牛仔裤就这么给了弟弟"，有没有可能表现得更无奈一些？

围绕这几个问题，我对原文进行了增补。

这是我花自己赚的钱买的第一件衣服。

上大学的时候我就很羡慕有些同学有牛仔裤，颜色不像我那些深蓝色或黑色的裤子那么单调,尤其是听那些同学说,牛仔裤很耐脏……参加工作后,终于领了工资,第一件事就是跑到西市场那里的华联,狠狠心花140多元钱买了一条某品牌的牛仔裤!要知道,那时候我一个月工资也才300元,我的决定够奢侈了吧?

买回去高高兴兴地拿给母亲,说裤腿有点儿长,请她帮我裁一裁。

母亲拎起裤子,上看看下看看,说:"你弟弟也正要买一条裤子呢,他比你高,应该穿着正好。让他试试吧。"

我心里不情愿,但也无法反对,那是我弟弟,而且只是试穿而已。

于是,牛仔裤被拿给了弟弟试穿。于是,牛仔裤被证明弟弟穿着不长不短刚刚好。于是……于是,直到今天我还记着"我的"这条牛仔裤!

下面加点的部分是增补上去的。其中,把"母亲接过来,看了看说"扩充为"母亲拎起裤子,上看看下看看,说",进一步描写了母亲的动作,更加细致、生动。"结果,我的第一条牛仔裤就这么给了弟弟"扩充为"于是,牛仔裤被拿给了弟弟试穿。于是,牛仔裤被证明弟弟穿着不长不短刚刚好。于是……于是",讲了弟弟的试穿和试穿经过,用几个"于是"的层叠,表达了内心的无奈和不情愿。

当盯着一个点进行增补的时候,是在目标明确地扩充信息,你可以停下来深入思考、揣摩用词,不用担心影响到后面的思路,写起来会相对容易一些。

写观点型文案感到行文干巴时,通常是讲道理的篇幅太大了,这时候可以增补生动的论据来解决。

例如一段关于"自信"的文字:

> 人,想活得充实,就必须有梦想。因为梦想可以让你知道自己在期待什么,要去做什么,努力去得到什么。
>
> 而梦想的实现离不开自信。只有有了自信,我们才能够敢于挑战自己,获得赢取最好的自己的勇气。

仅仅这么写,评语可以只给一个字——虚!似乎要熬"鸡汤",却又只有大道理,让人看不下去。那增补一个论据再看看:

> 人,想活得充实,就必须有梦想。因为梦想可以让你知道自己在期待什么,要去做什么,努力去得到什么。
>
> 而梦想的实现离不开自信。只有有了自信,我们才能够敢于挑战自己,获得赢取最好的自己的勇气。
>
> 我有一个朋友,在策划圈里已经小有名气。问他成功的秘诀,他笑着说:"相信自己,不放过每一个机会。"难道相

信了自己，难题就可以迎刃而解了？他解释说："别人遇到难题，怯场了，那不正好是你的机会吗？你自告奋勇去做，如果做得不是特别出彩，是正常的，因为这个案子本身就很难；但如果做得出彩呢？你不就牛了吗？所以，遇到难题，不要怵，相信自己，只管想怎么能做到最好就够了。"

仔细琢磨，的确是这个道理。相信自己，有了自信，其后有了勇气，然后才能抓住走向成功的机会。遇到难题，自己直接敲了退堂鼓，那么能力再高又有什么用呢？

这样效果是不是好一些呢？

6.4 场景法写作：深度练习，强化代入感

我们在读一些精彩的小说时，经常会萌生身临其境的感觉，自己仿佛变身成里面的主角，眼睛看着的是文字，头脑中却演变成了生动的画面，经历着主角的悲欢离合、喜怒哀乐。

在看影视作品时，这种感觉也会格外明显。近些年，还出现了一个新的词语来特指这种感觉——代入感，非常贴切。而且，代入感也日渐成为故事性或情感性作品是否成功的衡量标准之一。

那么，如何强化有代入感的写作呢？

我们来看，代入感是受众从感觉上代替主角融入作品中，从主角的视角去经历其中的故事，所以代入感的关键在于"代替某个人"和从"主角的视角"，那相对应的必定是故事发生的一个个场景。所以，强化代入感的技巧就在于场景的写作。

在影视和文学作品中，每个场景都会是一个微型故事，将以人为中心，涉及特定的环境和事件。对场景的描写越详尽，产生的代入感往往就越强。

故乡所处的是鲁西南大平原东部的边缘，田野里难以看到树木，远远近近满眼都是麦子。太阳很快升起来，凉爽一下消失得无影无踪，气温直线上升，尤其临近中午的时候，头皮被晒得直发麻，头发也变得枯草一般，而黏在胳膊和手上的麦芒毒被汗水浸湿，皮肤出现一个个小红点，格外的刺痒。大人们丝毫没有停歇的意思，我和弟弟早已不愿干活，一起顶了包袱片儿站在地头上遮挡着烈日，朝田地里张望。尽管知道麦子割不完大家不会回家，但我们还是一遍遍声嘶力竭地追问何时收工，母亲耐心地一遍遍回答，我们依然不依不饶，不一会儿便换回父亲的大声训斥，才终于消停片刻。这种大人与孩子的交锋在各家各户的地头上上演着。

大人们终于坐下来喘口气，原本黑黑的脸已经被晒得发红。我们开始吃午饭，死面的饼子需要使劲儿咬，咬下来的地方会留下两个发白的门牙印儿，我和弟弟比一比谁的牙印儿更大一些，继而争论不休。塑料筒里凉开水被太阳晒得热乎乎的，加上塑料的味道，令人难以下咽，我和弟弟坚决拒喝，叫嚷着要吃冰棍。父亲又开始对我们瞪眼，不过，母亲马上起身，四处瞭望，寻找骑了自行车在田野里流动着卖冰棍的人。冰棍箱里有一层薄棉被，掀开它会有冷气扑面而来，我和弟弟使劲儿跐了脚尖往里伸脑袋。很快，我们就吃到硬硬的、凉凉的冰棍，马上快乐起来。通常，大人每人一根，我和弟弟每人两根，我们不断向叔和婶炫耀着。

这些文字里涉及两个场景。一个是孩子干活累了,急盼着大人们赶快收工;一个是午饭时候的吵吵闹闹。第一段里,满眼的麦子、炎炎的烈日、顶着包袱片儿站在地头的孩子、声嘶力竭的呼喊和大人的训斥,渲染出的画面让人读起来就平添几分焦躁。第二段里,饼子上的牙印、争论、拒绝喝水、脑袋伸进冰棍箱里、炫耀冰棍……呈现出几位劳累的大人席地而坐,但孩子仍是不消停地喧闹着的场面。

这两段的代入感就来自对环境和人物动作描写的细致。

另一个细化场景的写作方法,是对人物的刻画。

中秋过后,秋风是一天凉比一天,看看将近初冬;我整天地靠着火,也须穿上棉袄了。

一天的下半天,没有一个顾客,我正合了眼坐着。忽然听得一个声音:"温一碗酒。"这声音虽然极低,却很耳熟。看时又全没有人。站起来向外一望,那孔乙己便在柜台下对了门槛坐着。他脸上黑而且瘦,已经不成样子;穿一件破夹袄,盘着两腿,下面垫一个蒲包,用草绳在肩上挂住;见了我,又说道:"温一碗酒。"

掌柜也伸出头去,一面说:"孔乙己吗?你还欠十九个钱呢!"

孔乙己很颓唐地仰面答道:"这……下回还清吧。这一回是现钱,酒要好。"

掌柜仍然同平常一样，笑着对他说："孔乙己，你又偷了东西了！"但他这回却不十分分辩，单说了一句："不要取笑！"

"取笑？要是不偷，怎么会打断腿？"

孔乙己低声说道："跌断，跌，跌……"他的眼色，很像恳求掌柜，不要再提。此时已经聚集了几个人，便和掌柜都笑了。

我温了酒，端出去，放在门槛上。他从破衣袋里摸出四文大钱，放在我手里，见他满手是泥，原来他便用这手走来的。不一会，他喝完酒，便又在旁人的说笑声中，坐着用这手慢慢"走"去了。

这是鲁迅名作《孔乙己》中的片段。

"……孔乙己便在柜台下对了门槛坐着。他脸上黑而且瘦，已经不成样子；穿一件破夹袄，盘着两腿，下面垫一个蒲包，用草绳在肩上挂住"，这些描写让读者随着叙事者的视角，似乎真的能够"看到"一个人坐在那里。而"很颓唐地仰面""低声"，以及孔乙己不多而且有些讷讷的语言，使人物更加生动、鲜活。

在用场景法刻画人物时，要注意外貌、动作、神态和语言的细致描写。其中，语言要真实、口语化，符合说话人的身份，含有情感，这样受众的代入感才会更强。

6.5 切块法写作：拉出提纲，降低长文难度

需要写比较长的文案，该怎么办呢？

长文案是绕不开的，例如发言稿、总结报告或品牌宣传文案，都可能比较长，三五千字很常见。但如果埋头就写，很容易写着写着头绪就乱了，或者写了半天收尾时，才发现离篇幅要求还差一截，这时想补内容进去却牵一发而动全身，已经无从下手了。

那怎样写才能保证行文逻辑性强，能增能缩，而又每一段都言之有物呢？

讲"疯狂艺术史"的张斌老师有一课就叫"教你1分钟讲述3万年艺术史"。

1分钟讲明白3万年的艺术史，岂不是难以完成的任务？

但张斌老师有办法。他要借用"切土豆丝"的招数：一把刀将圆滚滚的土豆按在菜板上一下切成丝当然做不到，但大刀一挥，先将土豆切成两三块，然后再按在菜板上就会比较容易。接

下来，切成片，再切成丝，也就容易了。

于是，他把艺术史也分成三段：时长2万多年的原始艺术时期、时长接近2500年的古典艺术时期和时长150年的现代艺术时期。然后，他再针对这3个阶段总结出各自的艺术特征。

我们在写比较长的文案时，也完全可以借用这个"切土豆丝"的方法。先把文案切成长短不等的几块，然后再下笔，就会容易很多。

切块法写作的步骤是：

①确定写作主题。

②写出开头。

③按一定的逻辑将主题分成几大块，并拟出小标题。

④一块一块地组织素材进行写作，如果每块中包含的字数较多，可以在大块中进一步切分出更小的块。

各类总结和发言稿都会使用切块写作法，尤其是工作报告，更是大都用"一""二""三""四"……一一列出来，层次分明，条理清晰，大家可以找来看一看。长篇幅的品牌传播、事件报道、行业观察也经常用到这种方法。

例如，有一次《清华管理评论》向我约稿，需要一篇6000字左右的创业故事，要求反映出新的管理或者经营理念。经过和编辑讨论，我决定写一个叫"伯果儿"的创业团队。这个团队之前组织了一次18800元的哈密瓜吃货之旅，其营销手段令人称赞。

我先拟定了题目——《伯果儿：锁定顶级"吃货"的极致体验》。

接下来，写开头：

在去年年底由中国食文化研究会举办的中国好食品高峰论坛上，我作为创新营销圆桌对话环节主持人向现场参会者做了个小调查："如果一个很好吃的哈密瓜卖100元，要你自己去摘，你会不会买？1000元呢？10000元呢？"百余位酒店高管和食品公司老板对百元报价大都高声称"买"，对千元报价应者寥寥，对"万元哈密瓜"则一致大摇其头。

但一撮"80后"组成的生鲜水果电商"伯果儿"团队不仅卖出了标价18800元一个的哈密瓜，而且一下卖出了52个！他们到底是怎么做到的呢？

我用了大约200字将话题引出，接下来，就要把需要写的6000字切块。我打算把它切成5大块，每大块1200字左右。在梳理采访素材后，我给每一块拟出了小标题：

小标题1.18800元的哈密瓜吃货之旅

小标题2.为吃货们找回儿时的味道

小标题3.追求从地头到舌尖的极致

小标题4.破解生鲜物流的困局

小标题5.抓住"小而美"的机会

确立小标题后，每个大块之间虽然仍保持着递进的逻辑关系，但在写作时，它们完全可以被看作一个个独立的单元。针对1200字谋篇布局，自然比对着6000字要容易得多。

然后，开始分小标题写作。

在小标题1下，重点破解"18800元一个的哈密瓜"到底是怎么回事，创业团队是如何运作的，而客户的体验和评价又是什么样的。

在小标题2下，讲创业团队的愿景，他们为什么会以"为吃货们找回儿时的味道"作为与众不同的服务定位？

在小标题3下，讲他们围绕客户"从地头到舌尖追求的极致"体验所做出的努力。

在小标题4下，结合当时生鲜电商面对的共同难题——物流运输，讲创业团队如何与时间赛跑，来保证水果的新鲜度。

在小标题5下，则进一步提高立足点，讲"伯果儿"的创业与"小而美"的商机。

在这个切块法写作中，整个思路层层推进，变得较为清晰。而且因为早已有篇幅上的规划，所以能够随时发现某一部分的素材有欠缺或者内容不够丰满，可以马上进行针对性的补充采访。

在使用切块法写作时，除了可以使用小标题统领切块外，还可以连小标题也不拟，例如许多鸡汤文，直接使用1、2、3、4……将每块区分开来，也未尝不可。

切块的好处，在于块与块之间可以是递进的关系，可以是并列的关系，也可以是转折的关系，省去了起承转合的过渡与联结，写起来比较方便，并且对读者来说，读起来也更方便，更容易抓住重点。

6.6 感悟式写作：一点一滴，收集灵感

明代有个大思想家叫王阳明，是儒家心学门派的集大成者。关于他，有个龙场顿悟的故事。

明武宗时期，宦官刘瑾独揽朝政，逮捕了南京给事中御史戴铣等二十余人，王阳明为其上疏，结果触怒了刘瑾，在朝廷上被扒掉衣服杖打四十。对文人来说，被当众扒掉衣服杖打可是奇耻大辱，所以王阳明不只身体遭到了摧残，心灵上也受到了严重的创伤。接着，他又被贬谪到贵州，去任龙场驿栈的驿丞。

当时的龙场还是个没有开化的地方，条件非常恶劣。王阳明经常念叨："圣人处此，更有何道？"但一天晚上，他突然顿悟了，明白了"格物致知"的道理。

"顿悟"是佛教术语，和"渐悟"相对，都是指领悟的方法。顿悟主要通过灵感来完成，可能完成于瞬息之间。

我们虽然不会像王阳明那样，在某一天或者某一夜产生传世的思想领悟，但是在生活和学习中，对着某件事、某句话或者某

个场景,却也会经常心生感悟。

最容易让我们心生感悟的就是读书、看电影。

举个例子,看西方电影,尤其是中古时期的战争片,经常可以看到那些健硕的欧洲人在冰天雪地里穿着很单薄的衣服;一旦被箭射伤,他们也总像中国的关公一样,咬咬牙就任凭人把肉剖开取出箭头……我一直觉得这是因为他们天性野蛮。不过,有一天看书读到《柏拉图十讲》,我突然有所感悟。

《柏拉图十讲》中交代柏拉图乌托邦理论的背景时,讲到了斯巴达。斯巴达是古希腊的城邦之一,在那里,婴儿不分男女一出生就要用烈酒洗澡,检验体质,如果不够强壮,便会被抛至荒山野岭,任其死去。男孩7岁后都要编入团队进行军训,训练目的包括绝对服从、身手敏捷、不怕艰苦。在每年的一个特定节日里,他们还要被皮鞭鞭打,并不许求饶或叫喊;当过了12岁,他们会被编入少年队,不论天气冷暖都只许穿一件外衣,而且军营内没有被褥,食物供应也不充足,以迫使他们互相争夺或者到外面盗取;20岁后,他们就成了正规军人,可以偷着成亲,但要到60岁才可以退役。至于女孩,7岁后也要进行艰苦的体格训练,甚至为了拉弓射箭从小就要被割掉右侧的乳房。

纵观欧洲历史,他们自此以后一直具有尚武精神。到现在,看看各支欧洲球队在足球场上的拼搏精神,看看西班牙斗牛士的枭猛，无不显示着他们的英勇。欧洲人的英勇不是在基因里，而是在习惯里。而我们——龙的传人，是不是更应该将英勇和培养后代的英勇融进自己的习惯呢？

在生活中，也有很多让人有所感悟的场景，并且即使面对同一件事，不同的人感悟也会不同。

我的一位朋友，硕士毕业于"985"，做过知名企业的市场副总，履历光鲜。后来辞职创业了六七年，最终宣布创业失败。在家修身养性大半年后，他开始找工作，但到一家餐饮连锁企业的面试让他感触颇深。

"就是这家公司，让我又开始感到不甘心！"朋友说，这家餐饮连锁企业的老板是开小吃店起家的。2002年，在北京的阜成门附近开了一家十几平方米的包子店，苦心经营，生意做得越来越好，渐渐发展为连锁餐饮。"2002年，也正是我参加工作的第一年，我揣着硕士文凭，坐在写字楼里。结果到今天，是人家坐在写字楼里，我去递上一份简历，期盼着得到一个月薪两三万元钱的工作！创业几年，我自以为放下了、舍得了、努力了，但在面试的现场我依旧觉得自惭形秽，感觉自己这几年没有尽力，其实人生还是虚度了。"

看，对别人创业有成而自己创业失败，朋友的感悟是：

自己这几年没有尽力，其实人生还是虚度了。

而听他讲完，我的感悟则是：

创业需要技能、需要机遇、需要资源，其实，更需要心性。同一件事情，起点高的做不成，而起点低的反倒能够成功，这是因为起点高的人往往会参照自己过往的经验，将"成功"的兴奋点定得过高，也将遇到困难后的止损点定得过高；反而起点低的人会自觉有短板，然后更加努力、更加执着，并且更容易为自己每一次哪怕不算大的收获所鼓舞。

感悟，和我们的个人背景、生活阅历、所站角度等有关。

不过要注意的是，感悟往往是因有所感触而领悟，其精髓可能只有一句话，并且多于灵光一闪之间出现，你如果不能及时记下来，哪怕只是转头往别的方向看一眼的工夫，它可能就溜走了，你很难再回忆起来。

所以，感悟式写作重在萌发感悟的时候能够顺手记下来。记在本子上也好，记在手机里也罢，重要的是努力概括得凝练、清晰，将之作为灵感收集起来，回头再及时地把它完善成一段文字或者一篇文章。

日记式写作：
坚持记录，培养写作习惯

前面已经说过，我曾连续写了近8年的日记，受益匪浅。坚持写日记有两大益处：

第一个是拥有战胜惰性、练就持续写作的毅力。我们多数时候说太忙了、忘记了，其实都是在给自己的懒惰找借口。日记可长可短，难道你真的连写几十个字的时间都没有吗？

第二个是突破无话可写的瓶颈。我写日记的那些年，大多数时间都是待在学校里，主要精力就是学习，所以更是经历过搜肠刮肚、无话可写的那样一段时间。要想突破这个瓶颈，重要的是要规划好写什么内容，我的日记内容可谓五花八门，包括：

- ☆ 当日遇到的某件事。
- ☆ 当日的心情及原因。
- ☆ 一天的总结或一时的感悟。
- ☆ 对一件事或者一个现象的评论。

☆ 摘抄所遇到的一段美文，加上些点评。

☆ 备忘记事。

☆ 写一段小说。

看到最后一项了吗？我在其中一年，断断续续地写了四五十天的"武侠小说"，哪天感到实在没什么内容可记，就接着上次的小说片段往下写，不过那小说最终也没有写完。现在想想我当时写日记的目的，就是为了锻炼自己的耐性，每天拿出一点儿时间揣摩遣词造句的技巧，同时也努力让写作成为一种习惯。

无心插柳柳成荫，高中时我的作品在全国作文大赛中获了奖，大学时偶有文章见诸报端，再到大学毕业后考入新闻单位成为记者，这8年的写作训练可谓功不可没。

鉴于我们要进行的日记式写作，目的是培养写作习惯，我有这样几点建议：

①用笔写在专门的小本子上

我们平时都在使用电脑，为什么还要用笔写？还要准备专门的小本子呢？其中有4个原因。

其一是要给自己写日记一定的仪式感。到了某个时间点，你坐下来，取出本子和笔，告诉自己："我要写日记了。"这时你会静下心来，开始回顾刚刚过去的这一天，琢磨琢磨接下来想表达什么。

其二是不给自己的懒惰和拖延找借口。如果使用电脑记录，你某一天难免会想，"哦，太累了，还要打开电脑"，或者"哇，今天电脑没带啊"等。而且电脑连接电源、启动需要半分钟，而日记本打开只需要几秒钟。

其三，用笔写作的时候，你会尽量少删改。我们用电脑写作，开个头，感觉不好，按下删除键就删掉了，许多时候，反反复复，可能很久都没有留下一个字。而用笔写呢？心中通常会有一个意识，日记本不能搞得太脏太乱，于是，只要写下，哪怕写了个开头就反悔了，也会忍下来，想着方法尽量写下去，或者过渡到自己后来想的话题上去。这无意间进行的就是一个训练，训练你去思考如果顺着那个开头写下去。

其四，写在日记本上的字比存在电脑里更容易翻阅。我们一翻就可以看到之前所写的内容，读读某日记录的事件是不是完整，看看某日写下的见解有没有深度。而且，手写的东西如果曾经有过修改，就会留下痕迹，你甚至能看出当时的某个思想活动；而电脑留下的只是最后的表达结果，看不出一点儿文字外的故事。

②每一段记录或表达力求完整

既然是为了训练写作，每天的日记应该力求写得完整。

标题不需要取，字数不一定多，但一定要有开头、结尾，让每篇日记都能成为一篇或大或小的文章。

×月×日　　星期×　　晴

今天看到一篇短文。

母亲说：儿子，我的眼睛看不到了。

儿子说：妈妈，别怕，我会带你去最好的医院找最好的大夫，一定能够医好的。

儿子说：妈妈，我的眼睛看不到了。

母亲说：儿子，别怕，妈妈会把自己的眼睛给你。

两种做法，不是儿子不够孝顺，只是他还没能达到母亲那份深刻的爱。儿女对父母的爱是感激、敬重，父母对儿女的爱则是一切。这份厚重的爱需要感悟。

不做父母不知父母恩，如是。

这是很短的一篇日记，其中还有半数文字属于摘录，但它有头有尾，并且能看出作者的见解，也算是一篇小文章了。

我们在进行日记式写作训练时努力做到结构完整，可以促使我们把事情讲完整，把道理说清楚，考虑详略取舍，避免出现记流水账的情况。

③行文上不作过多要求

让一个人长时间绷着脸、全神贯注，这非常难，倒是长时间保持轻松的状态会容易得多。

写作也是这样，我们不要一提到写作就马上绷起一根弦来。

据说，诗人苏轼某年在赤壁过生日，正想举杯喝酒的时候只听到江上有笛声传来，一问之下原来是有人吹笛为苏轼祝寿。好友黄庭坚赞道："东坡之酒，赤壁之笛，嬉笑怒骂，皆成文章。"这是说苏轼不论是喝酒、听笛，还是戏言嘲骂，记下来都是好文章。

这皆成文章的"嬉笑怒骂",既可以是形式上的,也可以是内容上的。当我们的日记式训练能够达到这般境界,写作也就真的驾轻就熟了,不用再愁写不出好文案。

而要做到这一点,就要求在进行日记式训练时放轻松,自然随心,不必拘泥于书面和过于严苛的表达。我们甚至可以为文字配些图表,更可以画上几笔漫画,让日记活泼、有趣起来。

6.8 刻意性写作：
逼迫自己，磨炼写作思维

我们应该都遇到过这种情况，对待同一件事，或者相同的素材，有的人可以洋洋洒洒上千言，写得妙趣横生；而有的人却只有干干巴巴几行字，甚至找不到思路。问题出在哪里呢？

我的答案是：问题出在思维不够灵活、开阔。

如果思维足够灵活、开阔，那么只要不是专业类文章，任何一个题目写上两三千字应该都不是难题，何况一篇小文章？

磨炼写作思维的一个重要方法，是刻意性写作。

我们工作学习了这么久，头脑里早就积累了一个大数据库，你遇到的写作障碍往往只是调不出那些有用的东西罢了。刻意性写作的训练，就是随机选一个题目，可以是一个话题，也可以是一个东西，然后认定它，限定字数，例如1000字，强制自己写作，逐步打开思维路径。

强制自己写作的原因是之前没有任何的准备，你可能会认为它无从下手，难免犹豫着要不要换一个，但你的做法一定是——

不换,就认定了写它!这时候,你就像端着一碗奇苦的药,必须逼着自己仰起脖子喝下去。

随便拟一个题目,去打无准备之仗,真的很难吗?

南朝刘义庆的《世说新语·文学》中记载,曹操死后,长子曹丕继位。曹丕怕几个弟弟和自己争位,就想把他们全除掉。他命令曹植在大殿之上七步之内必须作出一首诗来,作不出就"行大法"。曹植不假思索就作了一首:"煮豆持作羹,漉菽以为汁。萁在釜下燃,豆在釜中泣。本自同根生,相煎何太急?"曹丕听了心生惭愧,曹植终于保住了性命。

曹植的七步成诗不更是没有准备吗?而且你写篇文案,也不像曹植那样生死攸关,用来思考的时间也比他多之又多,何必要心生畏难情绪?

我们尽可以放松下来,想想应怎样去调动思维,进行构思。

无论是在家里,还是在办公室里,你的手边都少不了一只杯子,所以我们就以"杯子"为例,看看如何构思吧。

所谓的构思,就是通过一次次发散性思维,找到可以去写的东西。来,找一张纸,我们一起列一列:

☆ 它有什么样的特点?

★ 这只杯子是怎么来的？是买的，还是谁送的，又成是在什么情况下找了个瓶子改造的？

以上几个问题能不能写出东西来？
如果不能，我们继续列：

★ 这只杯子能给你解决什么问题？
★ 你喜欢这只杯子吗？为什么喜欢或者为什么不喜欢，有着什么样的理由？

以上几个问题能不能写出东西来？
如果还不能，我们继续一起列：

★ 你平时在什么场景下使用它？使用它的过程中，有没有发生过什么事情，例如丢失过、错拿过，或者急切想用的时候却发现忘带过？
★ 你有没有更喜欢另一只杯子，那只杯子比这个好在哪里？

以上几个问题能不能写出东西来？
如果仍不能，我们继续一起列：

☆ 低下头看看，水装在杯子里是什么样子的，是热水还是冷水？杯子在光线暗的地方、光线亮的地方和在太阳光下有什么区别吗？

☆ 杯子在你的生活里有什么作用？除了喝水，杯子还能做什么？

……

我相信，以上所有的问题中，一定有一两个或者三五个问题让你找到了能写下一段话的感觉。好，那么你就选出能写出尽量多的文字的那个问题。再取张白纸，在中间画个圆圈，将你选出的问题写在圆圈里。之后，为这个圆圈引出五六条太阳光一样的"光芒"，把你进一步努力想出的解读角度或者故事写在"光芒"的顶端，如图6-1所示。

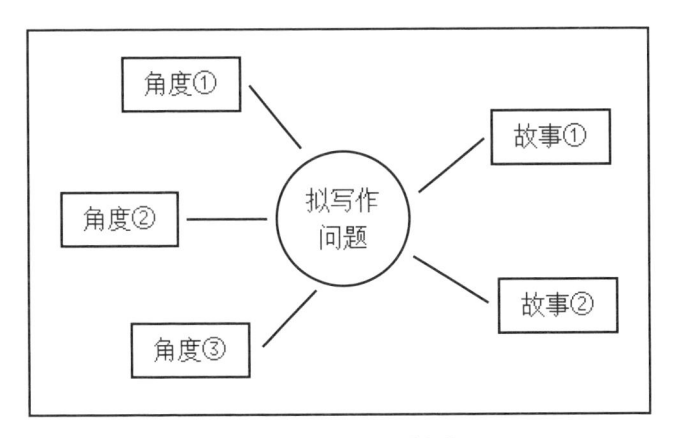

图6-1 刻意性写作思维训练图

假如你选了"水装在杯子里的样子",解读角度可以列出温度、水的动感、在暗光和太阳光下的视觉感受等,故事可以列"一杯水洒出来的故事""在阳光下俯视出的杯中世界"……只要能顺着想下去,而你又可以围绕"杯子"这个限定的题目就够了。

最后,就可以借助这个思维训练图开始写你想到的内容了。

有没有注意到?刻意性写作训练其实就是强迫你围绕某一个主题尽可能地向外发散思维,努力提出问题,然后寻找到答案,最后完成文章的构思。

当你经过一段时间的思维开发,感觉写作素材俯拾即是时,你需要的就不再是为怎么写、写什么发愁,而是挑挑拣拣,筛选出可以令文案更出彩的文字和表达了。

6.9

细节性写作：
观察入微，注重价值发掘

一次到朋友家串门，朋友正对着小学三年级的儿子发脾气。原来孩子要写一篇400字的"我的爸爸"或者"我的妈妈"，介绍这个人的一个特点，然后用具体事例加以说明。可已经过去一个小时了，孩子还在对着开头发呆。

孩子说，自己要写《我的妈妈》。

我问孩子："你要写妈妈的什么特点？"

孩子看到来了客人，像是找到了撑腰的人，盯着我的朋友说："我妈妈有耐心。哼，才不像我爸爸，就知道训我！"

我让朋友坐远些，继续和他的孩子聊天。

我问：你为什么说妈妈有耐心？她帮你做过什么事显得有耐心吗？

孩子答：妈妈辅导我做作业有耐心。

我问：怎么个有耐心法？

孩子答：我字写得不好的时候，她教我练字。

好，抓住了一个具体的点——练字。

我接着问：她怎么教你练字？

孩子回答：就是练啊。

我问：有什么步骤吗？比如第一步做什么，第二步做什么。

孩子想了想说：妈妈会说我哪个字写得不好。第一步要我再写一个给她看。

我问：这个时候妈妈有说什么吗？

孩子答：说要横平竖直……

我就用这种一问一答的方式，帮孩子总结了他的妈妈教他练字时的几个步骤：

第一步，指出孩子哪个字写得不好，让他再写一遍，横要平，竖要直。妈妈在旁边看着，观察孩子写这个字的时候存在什么问题。

第二步，妈妈写一遍给孩子看，告诉他应该着重注意哪几个笔画。

第三步，让孩子练习，注意整个字的结构。

第四步，如果孩子因总写不好而开始急躁了，妈妈会开个小玩笑，让孩子放松下来，然后继续练习。

梳理了这些，孩子说自己会写了。我告诉他："写的时候，记着加上一些对话，妈妈当时是怎么说的，说那些话的时候是什么样的表情，以及你有什么样的反应……"

孩子一会儿就写了400多字，格外开心。

其实，教孩子的整个过程，就是引导孩子回想妈妈教他写字时的细节。

除了通过刻意性写作磨炼写作思维外，进行细节性写作训练也很重要。因为细节可以让我们的文案更加生动，让受众具备更强的代入感。

训练细节性写作的方法是注意观察，包括注意看，注意听，注意感受。

例如你的桌上有一株盆栽，要观察它，你想想可以观察哪些方面？先取出张纸列一下，然后再来看看我列的：

外形。它是什么植物？什么颜色？什么造型？有多高？茎是什么样子的？叶子是什么样子的？叶片有没有光泽？它的嫩芽是什么样子？有没有花？如果有，花是什么样子的？什么颜色？多少花瓣？像什么？花蕊是什么样子？

味道。闻一闻它的味道，它的花朵的味道是什么样子的？

触觉。摸上去是什么感觉？

习性。喜欢不喜欢光？喜欢不喜欢水？

其他。花盆是什么样子？盆里的土壤是什么样子？根茎的周边有没有共生的小植物？整个盆栽在你所放置的环境里是什么样子？

对这株盆栽，你可以观察的还有许多其他的角度和细节，此处不一一赘述。

观察完了静物，我们再来看看如何观察一个人：

外貌。这是很容易想到的，包括年龄、长相、体形、穿着、姿态等。一定要抓住被观察者在外貌上与其他人的不同特征。

言谈。听到他在说什么话？说话时，他的口音、语气、语调有什么特点？有什么样的神态细节？

举止。他有什么样的动作？他做的这些动作有什么样的特点？他做动作时的肢体变化有什么样的细节？

当然，有了对细节的观察力，还要能够发现某个细节背后反映的问题可能给写作带来的价值。例如，一个人的某一句话或者某一个动作，能够反映出他什么样的脾气、性格或者内心活动？

这就是由表及里的观察入微。你要想成为文案高手，这一点一定要做到。

谈到由表及里的观察，我们经常说记者具有非常敏锐的观察力，其实记者的观察力就是训练出来的。并且，久而久之，记者对身边事物的观察也成了一种习惯。

我在都市报做记者时，最初做过一段时间的机动记者。当时没有固定的信息来源渠道，想发稿就只有自己去"找新闻"，所以每得到一个新闻线索我都会格外珍惜，采访时问得非常仔细，细节写作也非常认真，但稿件很难被发表。编辑主任有次忍不住了，教训我："你怎么总写小事情？你没有觉得你反映的问题太表面了吗？"

一语惊醒梦中人！我们在进行写作训练时，往往只观察事物或事件外在的细节，但如果想写出有价值的内容，更重要的是利用细节将内在的问题揭示出来。

之后不久，我到济南灵岩寺游玩。当天恰逢下着小雨，进了大殿，我偶然发现殿内墙角处的一尊罗汉像被盖了一块塑料布，原来是因为大殿有一处因年久失修有点儿漏雨。如果是讲"罗汉像也披了雨衣"，大家可能一笑了之。但细看之下，我发现这些罗汉像都是彩色泥塑，怕水事小，损失其文物价值事大。我查阅了资料，发现灵岩寺是中国四大名刹之一，早被列为全国重点文物保护单位，这些罗汉像更是塑成于宋、明两代，曾被梁启超赞誉为"海内第一名塑"。

于是，我写了一篇报道，将查阅到的这些资料与"罗汉像披雨衣"的细节结合起来，影响力马上大了起来。文物保护部门非常重视，大殿也及时得到了修葺。

PART 07

第七章

好文案一句话就够了：8个诀窍，教你一句话打动消费者

我非常喜欢古诗词，喜欢它们总是寥寥数语就传达出的无尽意境。

曾和一众朋友去河北的白洋淀游玩。临近一大片荷塘，绿色荷叶间或粉色、或鹅黄、或洁白的荷花点缀，大家惊呼："太漂亮了！"然后喊里咔嚓拍照片。我故意问朋友："怎么漂亮了？"

"你看啊……"朋友很认真地描述一番，最终又停下来，感觉无法言喻。

其实在古人的诗里，已经将荷花描写得很美了。例如："接天莲叶无穷碧，映日荷花别样红。"再如："叶上初阳干宿雨，水面清圆，一一风荷举。"

其实不只短短十余字描绘出的美景，更有短短一句话反映出的豪迈。例如陆游《金错刀行》中："呜呼！楚虽三户能亡秦，岂有堂堂中国空无人！"再如，曹操《龟虽寿》中："老骥伏枥，志在千里；烈士暮年，壮心不已。"

我们知道，文案的价值不在于长，而在于精彩。一篇文案洋洋洒洒千余字，可能其最大的价值只体现在一句精彩的话上。而且，我们工作中许多时候也需要精短的文案。本章就重点聊一聊凝练一句话精彩文案的几个诀窍。

7.1 既语言简练
又朗朗上口

一句话的精彩文案，外在表现上往往是语言简练又朗朗上口。因为这样的句子更容易让人记住，也更容易传播。

要使句子既语言简练又朗朗上口，可以使用以下方法。

方法一：使句子更简洁

先把要表述的意思写下来。

例如，我们计划在某国有大型企业内部做一次汽车的团购活动。整合了12家车企，谈好了条件，这些车企承诺这家国有大型企业的员工在活动中订车可以到当地4S店提车，而且价格在4S店最低市场价的基础上仍可获得固定金额的减免。我们在讨论文案时，先把要表达的意思写下来："12个汽车品牌的各类车型让你更省钱！员工可以在最低市场价基础上享受二次购车优惠，再省2000—20000元。快来××员工购车节！"

接下来进行压缩:"员工可以享受二次购车优惠,再省2000—20000元。快来××员工购车节!"

但这还不够简练,可以继续压缩。最后,我们定下来:

购车享二次优惠,最高再省20000元!

这样,文案的主题信息几经压缩,在宣传中更容易被突出,而且醒目,能够被人一下看到"最高再省20000元",增强了活动的吸引力。同时,更多解释性内容在下文呈现,也能够讲得更加清楚。

句子越简短,读起来才越有力量。就像在比赛中,我们会喊:"×××,加油!"如果把"加油"换成"快点儿加油",你会发现劲儿就泄掉了。所以在凝练文案时,我们应该让句子尽量短。

压缩句子的手法有两种:一是缩减信息。在上面的示例中,"12个汽车品牌的各类车型让你更省钱""在最低市场价基础上享受二次优惠"等信息是被缩减掉了的。这个过程中,一定是保留最重要的信息。二是选用更凝练的词语。例如"可以享受"缩减为"享"。写作中,还经常会把"为什么"缩减为"为何","用什么""凭什么"缩减为"何以"等。

另外,还要注意的一点是,压缩句子过程中尽量避免抽象的表达。例如,示例最终也可以压缩为:"购车享二次优惠,让你更省钱！"这样表述会更短，但"更省钱"比较抽象，不如使用"最高再省20000元"使人感受得具体，也更加吸引人。

方法二：给句子以节奏

让句子朗朗上口的方法，就是使句子有节奏。

①尝试诗歌的韵律

诗歌的韵律会使句子更具有美感。例如："东边日出西边雨，道是无晴却有晴。""安得广厦千万间，大庇天下寒士俱欢颜！风雨不动安如山。"读起来是不是格外舒服？

②使用对偶句

对偶是一种修辞方式，它用字数相等、结构相同、意义对称的一对短语或句子，来表达两个相对、相近或相同的意思。对偶句语言凝练、句式整齐，富有节奏感。

对偶句是非常常见的，例如春节时家家门口贴的春联、一些古诗的名句，以及许多朗朗上口的名句等。"海内存知己，天涯若比邻。""锲而舍之，朽木不折；锲而不舍，金石可镂。"就是对偶。"今天你对我爱搭不理，明天我让你高攀不起。"也属于此类。

③使用排比句

排比句条理分明、层次清晰，读起来有比较强的节奏感和逻辑性。

排比句可以用于描写，可以用于抒情，也可以用于说理。例如：

有人在下雨天跳舞，有人在阴沟里唱歌，有人生着病还在负重前行，有人跌倒了依旧仰望星空。所以优秀的你，凭什么要放弃？

排比句的写作诀窍是将结构相同或相似、意思密切相关、语气一致的句子成串地排列在一起，从而达到加强语势的效果。与对偶句相比，排比句中的小句子不少于3个，结构上只要求大体相似即可，小句子的字数不像对偶句那样要求严格。

方法三：使用相呼应的字词做文章

古诗词字数有限，古代的大家尤其重视推敲。其实在写文案的时候，我们也可以精心设置、打磨一些字词，以提升表达效果。

研读一些精彩的文案后你会发现，在句子中置入反义词，可以通过对比烘托去强化态度或场景，而且可以使语言更具有张力，读起来比较顺口。这是比较讨巧的表达方式。例如：

我们不惹事，但也不怕事。

生活容不得逃避，否则只会是酒杯空了，寂寞满了。

第一句中，"惹事"和"怕事"是截然相反的处世态度，同时强调"不惹事""不怕事"，则反映出"我们"的不卑不亢。第二句中，"空"和"满"是一对反义词，借用"酒杯空了，寂寞满了"，巧妙地强调了"生活容不得逃避"。

还有一种有效的表达方式，就是在一句话中重复使用同一个词或同一个字，在增加节奏感的同时，可以传达出作者的某种情绪。例如：

人活着就应该无所顾忌，疯过，爱过，恨过，闯过，拼过，努力过，才能无悔。

没有一个冬天不可逾越，也没有一个春天不会来临。前方的道路再坎坷也要走下去，只要走对方向，就会离幸福越来越近。

7.2 让人感觉你的话很新鲜

我们都很容易对新鲜的事物产生兴趣。

阅读文案，当你看到"岁月是把杀猪刀"的时候，你会觉得有道理，然后划过。假如你看到"岁月是把杀猪刀，更是一堆猪饲料"呢？你会不会停下目光，又重新看一遍，然后想一想，一下乐了？

"岁月是把杀猪刀"是一个非常精彩的表达，不过这些年我们经常看到，所以早不足为奇了。但你突然看到"（岁月）更是一堆猪饲料"会眼前一亮，想一想确实是，很多同学朋友几年不见，再见时都发福了不少，果然是"饲料"吃多了的样子，不禁莞尔。

想让你的一句话说得新鲜，可以试试下面几种方法。

方法一：令人新奇

能够令人感到新奇的话，必然是很少看到的。

例如，故意制造观念和认知上的"冲突"。

落后也是一种优势。

这是早些年一期《当代经理人》中的标题。在文章中，经济学家樊纲指出，同发达国家相比，我们有两个优势：一是资源的比较优势，没有资本没有技术但有廉价劳动力；二是落后的优势，落后可以通过学习别人来走发展的捷径。在相当长的时间内，发展中国家之所以具有相当的竞争力，不是因为有资本，而是因为有这两种优势。

再比如，制造一些特殊的表达。

北风乍起，独坐在午后的长椅上，心中有着温暖，手机里的一支曲子，也能听出恋爱的味道。

曲子"听"出恋爱的"味道"，这种非常规的表达是文案创作者制造出来的。现在，营销在谈跨界，传播也在谈跨界，"爱情下线了""情感黑洞""人生止损"等日常用词加专业术语的搭配成为制造特殊表达的常见手法。

方法二：令人一愣

将文案和一些冷知识结合起来，可以增加文案的趣味性。而这些冷知识可以新鲜到足以让读者一愣。

羊属于牛科，狐狸属于犬科，驴属于马科……"单身狗"朋友，你该去到这个人多的地方相亲了！

羊属于偶蹄目牛科，狐狸属于食肉目犬科，驴属于奇蹄目马科，是不是出乎你的意料？不过，对"单身狗"属于"人科"没有异议吧？那就快去人多的地方相亲吧。这个文案借助冷知识给"单身狗"做了一个类比。

边玩手机边看电视可能会变笨。你自认为享受时，已经在用智商买单。

我检索资料，果然看到有报道称，美国的一项研究发现，同时处理多重媒体任务（主要指电视、手机、电脑等数字媒体）可能会对青壮年的记忆力带来负面影响。研究结果表明，频繁进行媒体多重任务处理，比如长时间一边看电视一边发信息和上网，会导致注意力分散，甚至加快遗忘。

有些文案在导入时使用的冷知识，真的可以增长我们的知识。

方法三：令人一笑

幽默的文案可以让人看到后会心一笑，感觉有趣，并愿意进行转发传播。

> 今天外面风好大,我好害怕,万一别人都被刮走了,就我刮不走,那多丢人。
>
> 我这辈子只有两件事不会,就是这也不会那也不会。

这类文案往往是通过自嘲或者抖包袱的形式增加表达的喜感。例如第一句"外面风好大,我好害怕",不过,怕的不是风大,而是风好大却刮不走自己"太丢人",这是换种说法在揶揄自己胖了。第二句,看前半句的表达,这不是在自吹吗——"只有两件事不会",但抖出包袱,却是"什么也不会",是故意绕了一个圈子,让人猛地看到答案,会忍不住发笑。

再一类令人忍俊不禁的文案,其呈现方式是借助有趣的比喻,进而道出其间蕴含着的生活哲理。

> 人到中年,就是一部西游记,悟空的压力,八戒的身材,老沙的发型,唐僧的絮絮叨叨,还离西天越来越近了。
>
> 大多数"单身狗"的现状,就是熟人不好下手,生人不敢开口。

把作为中年人的自己比作《西游记》中的人物,让人去脑补师徒四人的特征,调侃自己是他们的缺点集合体,最令人捧腹的是最后一句,"还离西天越来越近了"。但笑过之后,细细琢磨,受众又生出另一番感受,难免唏嘘。

大多数"单身狗"的现状也非常写实,的确是"熟人不好下手,生人不敢开口",被点破的那份尴尬令人好笑,也必然会引发"单身狗"的深思。

还有一类令人一笑的文案使用的手法是"谐音梗",例如:

> 天气这么热,我们总会熟的。

方法四:令人不解

故意让人一下看不明白或者想歪,可以引发受众的好奇心。就像有些女孩子嘴边的"讨厌",谁能说清楚哪一句是"真讨厌",哪一句是"假讨厌"呢?

制造令人"不解"的语境主要有两种手法。

一种是说反话。

早年,奥美有一则文案:

> 我害怕阅读的人。

文案表面上是说"害怕",其实是用反语来表达对喜欢阅读者的羡慕和敬仰,目的是激励更多的人喜欢阅读。

再例如,2016年宝马创建100周年之际,许多人的朋友圈里都热传一张海报,文案内容为奔驰向宝马祝贺:

感谢100年来的竞争，没有你的那30年其实很孤独。

奔驰真的是感谢100年来的竞争吗？怕是在炫耀"早生30年"的老大哥地位吧？

同类的还有各种形式的"道歉文案"，道歉是假，宣示自己的存在是真。

另一种是引发歧义。

2019年，知乎的品牌短片文案为：

我们都是有问题的人。

这个"有问题"是存在歧义的。一种解释是"存在问题，不正常"，另一种解释是确实"有疑问"。知乎是问答类网站，意思当然是后者，不过，文案乍看上去却可以让人想歪。

7.3 让对方认为和自己有关

我们要讲一个能打动人的故事时,会尽量选择和听故事的人有关的故事。即使故事中的角色和听故事的人没有直接关系,也最好是他身边或他认识的一个人,再或者是他能够想象出的一个人。

下雨后路面太滑,有个女孩子在大厦门口滑倒了。

下雨后路面太滑,隔壁公司前台的女孩在大厦门口滑倒了。

如果刚进办公室的同事大声说起她在楼下看到的一幕,这两种表述方式哪一个更能引起你的注意?

一定是后者,即使你从没见过"隔壁公司前台的女孩"长什么样子。为什么呢?因为这个"女孩"比"有个女孩子"更具象。

人的心理是非常有意思的，潜意识里会做出许多有关"亲疏"的判断。

所以，我们在写文案时，一定要把表述的对象设定成个体化的人，而不是一个模糊的群体概念，这样才更容易调动受众的情绪。

方法一：和你有关

前面说过，如果想将受众代入某个场景或者引发共鸣，首选的方法就是让他觉得你所讲的事情和他有关。

在凝练一句话精彩文案时，这一点仍然奏效。

> 离开那个只说不做的男人

这是一篇文案的主题，能够反映文案核心内容的几段文字是这样的：

> 女人们，在选男人的时候，不要去听他说了什么，而要去看他做了什么。
>
> 如果一个男人总是埋怨你不好好吃饭，生病的时候不去看医生，加班的时候说心疼你，下雨的时候叫你小心，却从来都不曾真的为你做过些什么，那么这算是哪门子爱？

真正爱你的男人，比起说，他更会去做，他会直接带你去吃好吃的，生病的时候陪在你身边，加班的时候去接你，下雨的时候为你送去雨伞。

这几段文字是说，只在嘴上一遍遍关心女人、甜言蜜语的男人并不一定可以依靠，选男人要选那些能接你、陪你、宠你的男人。

道理没有错，角度也算新，但"离开那个只说不做的男人"读起来似乎是在跟别人说话，显得与受众并不亲近。如果改一下呢？

离开那个每天说爱你的人

"只说不做的男人"指的是一类男人，而"每天说爱你的人"呢？他每天都在说爱你，是不是一下就感觉话题与自己有关？并且会不自觉地想："他每天都在说爱我，你还为什么要让我离开呢？"然后，你会打开文章，阅读整篇文案。

方法二：和我有关

当文案与"你"联系不起来时，不妨试试与"我"的联系。一般情况下，人们知道在读的是"我"的文案，心理上会对作者有亲近感。

> 看完《你好，李焕英》我没哭，听完妈妈说她后悔的事情，我哭了

这个文案使用了对比烘托的方法，很多人看《你好，李焕英》哭了"我"都没哭，但听完妈妈的话"我"哭了，说明妈妈的这些话对"我"的震动非常大。而且看到文案作者说"我哭了"，受众会很自然地关心，想听听当事人怎么说。

"我"还很容易让受众联想到自己。看同一篇文案可以被用来表达主题的两句话：

> ①正确教育孩子的方式方法，家长必看
> ②看了董卿和撒贝宁，才知道我教孩子的方法都错了

感觉哪一个离你更近些？表达①中被特殊强调的角色是"家长"，"家长必看"有些说教的意味。表达②中的"我"成为一个反省者，"才知道我教孩子的方法都错了"，更似在对等地和受众聊天，后悔自己用错了方法，受众会不禁去想："你错在了哪里？我做对了吗？"

再举一个例子。根据中国社会科学院发布的《人口与劳动绿皮书：中国人口与劳动问题报告No.19》显示，生活成本居高不

下，导致80年代、90年代出生人口生育意愿降低。要传达这一信息，下面哪个文案更精彩？

①"80后""90后"生育意愿降低
②我不想生小孩

文案①中规中矩地传递了信息，受众看后的反应一般是："哦，生育意愿降低了啊！"而文案②呢？就像当面听到有人告诉你，她不想生小孩。你的反应一定是："为什么？"继而还可能会琢磨："养个孩子确实不容易，我要不要生呢？"

读与"我"有关的文案，受众比较容易产生代入感。

方法三：和他有关

两个人面对面聊天，会聊"你"，会聊"我"，还会聊别人。聊"你"和"我"的时候，因为和自身有关，即使是小事也会关心，但聊别人时，事一定要大一些。

并且，人们的兴趣不在一群人——"他们"——做什么，而是对某个个体在做什么或者做了什么具体的事情感兴趣。

①春季慎防过敏性结膜炎　严重的会引起视力下降
②杭州女子赏花归来视力猛降至0.1　春游慎防过敏症

看文案①，的确是一个实用性的提醒，但的确不够精彩。文案②引入了一个"杭州女子"，她赏花归来却患上了过敏性结膜炎，视力猛降至0.1。当某种现象成了个案，问题变成了事件，它更容易被想象，抽象的道理更容易被理解、被记住。

由个案来反映现象、由事件切入问题，可以让你传递的信息鲜活起来，如果不能从受众本身或者自己身上找到突破口，不妨找找合适的"第三人"。

7.4 能引人思考并有所感悟

我们通常会欣赏有内涵的人,这种人言谈间总是富有哲理。

在慢生活中,我们也会欣赏一类文案,一种在简单的话语间不经意被触动,陷入思考并有所得的文案。这些一句话文案要精彩到能够引人思考,往往需要能够使受众产生某种感受。

方法一:使人产生疑问

疑问更容易引人思考。

> 人和人之间的交往,最重要的是什么?是以心换心。

这句文案采用了疑问句式中的设问,先提出问题,然后自己回答。如果将它改为陈述句——"人和人之间的交往,最重要的是以心换心",你会发现,表述比较平淡,不会引起你格外的关注。但当被问到"人与人之间的交往,最重要的是什么"时,虽然后面紧跟了答案,你仍会不由自主地想:"是什么呢?是以心换心吗?"

再如:

> 不是你不漂亮,更不是你不优秀,却为什么被她抢走了爱情?因为人们爱上的,往往都是与他们相似的人,或是他们曾经的那种人,或是他们想要成为的人。他不是对的人,你无须抱憾。

设问可以让受众在你的问题处慢下来,思考自己的答案,无论他的答案是否与后面的回答相同,都会加深他对这个问题的认识。

另一种提出问题的形式是问而不答。

> 你以为,有着婚姻的时候,你就不是单亲妈妈了吗?

这是更能戳中痛处的提问。问而不答,是因为无须回答。你很清楚,虽然拥有着婚姻,但其实你是一个人照顾孩子,一个人解决着所有的问题,这不和"单亲妈妈"一样吗?原本遮掩着不肯承认,但这个提问让你突然再难回避,不得不去思考。

方法二：使人受到启发

看武侠小说时，经常有主角受到别人某句话或者某个动作的启发，突然灵光一闪遇到顿悟的情节。这顿悟，就是受到启发有所思并有所得。

一个人如果能够受到启发，会是非常振奋人心的事情。我们大都喜欢寓言故事，因为寓言故事可以通过简单的情节，告诉我们一个富有深意的主题或者深刻的道理，给我们以启示，进而让我们感受到"获得"的快感。精彩的文案也可以通过给人以启发而使人有所得。

> 别人恭维你时，偷偷高兴一下就可以了，但不可当真，因为那十有八九是哄你的；别人批评你时，稍稍不开心一下就可以了，但不可生气，因为那十有八九是真的。

这是一段"鸡汤"类型的文案，它从精神上提示受众，不要陶醉于别人的恭维，也不要受挫于别人的批评，都用平常心去对待，做好自己就够了。它可以给人以慰藉，启示我们淡然面对别人的评说，保持向上的心境。

再比如：

> 成长就是妥协与坚持的两难。

这是东野圭吾小说中的一句话，单独拿出来也是一句很精彩的文案。网络上，不少网友写出一篇篇短文解读这句话，可见它对大家的触动之深。

所以，要写出给人以启发的文案：一方面可以记录下自己随时迸发的灵感；另一方面则要注意记录和收集富有哲理或感悟的句子。

方法三：使人感到震动

如果一句话可以让人从心中感到震动，突然意识到某些东西一直以来被忽视了，需要重新审视，那么这句话一定是句好文案。

①你遇到的所有不如意，都是因为你还不够强大。
②想一夜暴富的人，总会把本钱都亏掉。
③你所谓的为了孩子，只是想让他实现你未竟的梦想。

有没有发现，这种文案好像是在努力地唤醒什么？文案①换着角度去解读你屡屡遇到不如意的根源，激励你壮大自己；文案②用后果警醒受众，不要有"一夜暴富"的幻想；文案③则是质疑你对孩子的严苛要求是真的为了孩子，还是为了你自己。

此外，还有"贩卖焦虑"的表现方式。例如：

觉得现状还不错？你有这个想法时，就已经在退步了。

还有用能够触动人心的事例去激励的表现方式。例如：

90岁奶奶10年还债2077万，敢于挺过去才最可贵。

7.5

说出受众
心底的那句话

人是具有自我意识的一种生物。

当受到挫折或者情绪低落的时候,你会去找好朋友倾诉,然后听对方摆事实、讲道理,一遍一遍地开解。许久,你才终于被说服了,收起不开心的情绪,雨过天晴。但是,好朋友讲的这些道理,你明明也知道,甚至就在不久之前,你还用它劝说过你的朋友。

有时候就是这样,许多道理其实大家都懂得,但仍然需要被别人说出来,才会觉得更有道理。

基于这一点,精彩文案有一个功能,就是能够把早已贮存于受众心底的那句话表达出来。

方法一:让受众深有同感

让受众深有同感,就是在讲引发受众的共鸣。关于引发受众共鸣的方法，我们已经在讲爆款文案的逻辑、标题和开头的时候反复提到过。

我把其中可用于凝练一句话精彩文案的方法在这里做一个汇总。

要让受众深有同感，即引发共鸣，可以从3个路径入手——角色、境遇和情绪。而具体的方法则包括：

①说出他的心底话

许多时候，人们心底会有情绪的积压，用你的文案把受众心底的话说出来可以获取他的认同。

例如："压垮成年人，只需要一个家长群。"这说出了家长们在孩子教育问题上的疲惫。

②触及他心底的伤

一些苦痛，有的人经历着却不去面对，习惯于把自己受的伤藏起来。用文案去触及受众心底的伤，能够唤起伤怀的共鸣。

例如："在一厢情愿里只有卑微没有爱，到最后跪着感动的只是自己。"有多少人经历过苦苦的单恋，或者被放到了"备胎"的位置？

③带他快意恩仇

利用文案给受众一个表达情绪的出口。例如："贱人就是矫情？不，那是她太闲了。""家，是我们一辈子的馋。"

④给他激励或慰藉

将文案用于对受众的激励、启迪和慰藉。例如："我们都是倔强的'打工人'。""生活没有低谷，只有蓄势待发。"

方法二：替受众说出心底的话

想想我们自己和别人讨论工作时遇到的情形。

是不是有过这种情况？你想表达某个想法却一直没有组织好语言，突然同事的发言让你眼前一亮："太对了，这就是我要说的！"

或者，你感到某人的发言过于冗长，早已听得乏味，心中一遍遍嘀咕："怎么这么多废话？真想让他快打住！"这时，有人打断他的发言："我想大家都听明白了，时间比较紧，我们赶快讨论下个话题吧！"

受欢迎的文案就像我们身边的那些发言者——替受众说出那句想说却说不出，或者想说却不好意思说的话。

例如，关于爱情，可以听听情歌。那些情歌之所以受欢迎，除了旋律的优美外，还因为它说出了许多少男少女想说却说不出或者想说却不好意思说的话。

为什么总在那些飘雨的日子，深深地把你想起？(《心雨》)

往后余生，你见与不见，你都在我心上。(《入了心的人》)

我能想到最浪漫的事，就是和你一起慢慢变老。(《最浪漫的事》)

关于生活，这样的文案也不少。

虽然做不了生活的主角，但也不要活成别人的赠品。

为了孩子读书，买学区房，上高价补习班，折腾成"负翁"，到底值不值？

要想写出这类文案，一定要多与目标人群聊天，倾听他们的心声，探寻他们的所思所想，然后提炼、升华，这样才更可能打动他们。

方法三：给自己说话

心里话最能打动人。有时候不一定非得去揣摩别人心里怎么想，我们不经意间发自内心的一句话可能就足以打动人。这种给自己说话的语气，让受众读起来更像自言自语，更容易使其进入"角色"。

例如，好多年之前有首歌叫《我想去桂林》，其中有一句歌词是"我想去桂林呀，我想去桂林"，又或者前几年走红的网络歌曲《济南济南》中的"济南呐济南呐，我想你了"，都似乎是碎碎念般的自言自语,但很容易就让其他的吟唱者陷入了向往的意境里。

再如以自我表达形式输出的一些文案:

> 如果生活可以偷懒,我会比你更会享受。
>
> 妈妈说,人最好不要错过两样东西:最后一班回家的车和一个深爱你的人。
>
> 该和昨天的自己作别了。

这种文案自然地携带着情绪,语气更具有亲和力,比说教式的口吻更容易令人接受。

7.6 换个生动的方式去表述

在2020年抗击新冠肺炎疫情的过程中,医学界出了一位深受大家喜爱的"网红"——复旦大学附属华山医院感染科主任张文宏。他的突然走红,一方面是因为他在医学上的权威地位,另一方面则是他金句频出的表达方式。

在网络上流传着他所讲的一段关于流感的科普知识,他拉出来了老虎、猫、兔子、小爬虫、苍蝇等一系列动物做比喻:

> 流感的全称是流行性感冒,流行性感冒跟感冒是一家人吗?那我问你,猫和老虎是一家人吗?好像是一家人啊!因为它们都属于一个family——猫科动物。猫和老虎是一家人说明它们在基因上很接近,所以猫和老虎之间虽然有区别,但还是一家人。但是流行性感冒跟感冒根本不是一家人!如果我告诉你,流行性感冒是老虎,那感冒是什么呢?感冒连兔子都不是,它可能是小爬虫,是苍蝇,就是差得这么远。

是不是很有意思？更重要的是，他猫啊、虎啊一通讲，让我们一下就把流感和感冒的关系搞清楚了。

那么，在文案的表达中，有哪些可以让语言更加生动形象的方法呢？

方法一：运用比喻

比喻能够使表达的内容更加生动形象，也能够使抽象的东西更加容易理解。它是我们接触非常早、使用非常多的一种表达方式。

很小的时候，外人看到你会说："看，这孩子长得真漂亮，像个洋娃娃！"等到开始学习拼音识字了，幼儿园的老师会教："圆圆脸蛋羊角辫，张大嘴巴aaa。"等到我们写文案了，更是离不开比喻……

借助大家喜欢的或者熟悉的事物，可以更容易地说清楚一个受众不太熟悉的事物，或者传达原本难以名状的感受。

①这个柿子有点儿不一样！甜得像蜜瓜，脆得像苹果，你吃过吗？

②不受控制的情绪，就像一个能量黑洞，会不断吞噬着彼此间的感情。

③世界上有一种专门拆散亲子关系的怪物，叫作

"长大"。

④照片这种东西不过是生命的碎壳,纷纷的岁月已过去,瓜子仁一粒粒咽了下去,滋味各人知道,留给大家看的唯有那狼藉的瓜子壳。

文案①中"这个柿子"和普通的柿子不一样,有多不一样呢?直接描述不好说清楚,但对蜜瓜的甜和苹果的脆我们是有直观认识的,用它们来比喻,我们一下就能想象出来了。

在我们的认知中,黑洞是可以无情地吞噬一切的。文案②将"不受控制的情绪"比喻成黑洞,突出了这种不良情绪对感情的伤害,非常贴切,让受众一下就想象到问题的严重性。

文案③中的"长大"是一个比情绪还要抽象的东西,它被比喻成了"怪物",而且是"一种专门拆散亲子关系的怪物"。"长大"顿时被具象化了,它如怪物一般,让孩子与父母因为学习或者生计而疏离。

文案④比较特殊。照片本是我们非常熟悉的,但作者却用了另一个大家常见的东西"瓜子壳"来做比喻,通过描述瓜子壳的来历,还真的就让人认同了"照片这种东西不过是生命的碎壳"的说法,给了照片一个更富有哲理性的定位。这个表达非常精彩。

比喻的形式比较多,可分为明喻、暗喻、借喻等几种,在这里就不一一列举了。

方法二：运用拟人

拟人就是赋予事物以人格，将其表现得和人一样有情感、有思想、有语言、有动作。拟人手法可以使事物更有温度、立体化，语言表达也更有张力。

文案中，不仅可以把动物、植物拟人化，还可以把没有生命的东西拟人化，甚至可以将抽象的概念拟人化。

> 知道猫为什么有九条命吗？因为少了根本不够它作死。
> 一身黑的往往都是大boss，比如？
> 让好奇心不再孤单。

猫一直是好奇心很重的动物，会做各种各样的尝试，不顾生命危险，所以会爬到房顶上下不来，会卡在烟囱里，的确是个"作死"的"冒险家"。文案中，猫被人格化了。

"一身黑的往往都是大boss"，至少我们在影视剧里看到的都是这样，黑西装、黑墨镜，再叼个雪茄……这大boss好像不是正面人物呢？不过不管了，这是宝马汽车的文案，上百年了，前面一直有个"年长"30岁的奔驰，能做个"大boss"已经不容易了，这文案本就是娱乐大家进行传播的。

好奇心是什么？是一种心理，够抽象吧？"让好奇心不再孤单。"好奇心会孤单吗？假如好奇心像人一样有了思想，它也难免会孤单。

方法三：运用夸张

再看一种常见而有意思的表达——夸张。

在家里，你被一个来做客的孩子惹到了，坐在那里气哼哼地生闷气，你妈妈会怎么说呢？她是不是会说："你怎么和小孩子一般见识？什么时候心眼儿变得比针眼儿还小了？"

你的心眼儿有多大？心眼儿不是一个具体的东西，当然无法界定大小，但说它比针眼儿还小，那一定是夸张的说法了。

在文案写作中，夸张比比皆是。例如：

> 吃一口，记一生。
> 我的心可以装下整个世界，却只能住你一个人。

夸张的诀窍在于利用受众熟悉的场景或者感受，"夸"得足够大。但这类文案务必要规避的是，夸张只是作为一种修辞手法使用，切勿写成了虚假宣传。

方法四：运用比较

在文案创作中，还可以做比较。

小龙虾88元/500克，GLA200只需78元/500克。奔驰没你想得那么贵。

这个文案是在"偷换概念",将奔驰汽车按重量折算成单位价格和小龙虾做比较,然后得出结论——"奔驰没你想得那么贵"。大家一般不会深究它们之间有没有可比性,但会顺着这个思路想:"这么一比,确实不贵呢!"于是呵呵一笑之间,文案就实现了传播的目的。

7.7 借助耳熟能详的表达

有一天,我坐在客厅看新闻,儿子坐在我身边看一本童书。

"爸爸,你听这个是不是很好笑?唧唧复唧唧,木兰开飞机。开的什么机?波音747。"他一边指着书一边读给我听。我俩哈哈笑了一阵,这页翻过,他继续看书。

过了两天,我听到儿子在玩耍的时候又嘟嘟囔囔念叨"木兰开飞机"。原来他只看了一次就把它背了下来,这和以往不太像,他从前背五言绝句都要读个十遍八遍的。我分析,一个原因是"唧唧复唧唧,木兰开飞机"确实有趣,而另一个原因是我曾让他背诵过《木兰辞》,有了之前的基础,这次才能一下把利用它改写出来的句子记住。

借用古诗、名句、谚语或者其他耳熟能详的表达写文案,会让人觉得耳目一新,并且更容易被传播和记住。这是一个高效的"偷懒大法"。

方法一：套用诗词、名句

"晓看天色暮看云，行也思君，坐也思君。"这是微博号"宝马中国"发的一条文案，配着一辆驶往远方的车子，意境十足。不过，这句文案并非宝马的原创，而是出自明代唐寅的词《一剪梅·雨打梨花深闭门》。

古诗词、名言、谚语，以及图书或者影视作品中的名句是文案的重要来源。就像每年的中秋节，以"但愿人长久，千里共婵娟""海上生明月，天涯共此时"等为主题的文案比比皆是。

对于想凸显自己特色的文案创作者来说，还有一招，就是套用诗词、名句。这样既让受众觉得耳熟，很容易就记在了心里，却又不同于原文，被赋予了别样的观感。例如：

> 世界上最遥远的距离，是我在你身边，而你在玩手机。

这句话演变自"世界上最遥远的距离，不是生与死，而是我就站在你面前，你却不知道我爱你"。不同于原句真情的告白，这句文案反映出当下手机给人际交往带来的无奈。

再比如：

> 上帝为你关上一扇门，你就得为自己打开一扇窗。

这句话演变自"上帝为你关上一扇门，同时也会为你打开一扇窗"。原文是说命运是公允的，它剥夺你一次机会，也一定会送给你另一个新的机遇。修改后的文案则在提醒你，如果遇到了挫折，自己一定要主动争取新机会。

这类套用诗词、名句的文案通常的创作手法是"原文的条件+自己的新创意"，或者"原文的条件+相反的行为"。

方法二：反讲惯用说法

把惯用的说法反过来讲，只要讲得通，就能收到意想不到的创意效果。

原句：走自己的路，让别人说去吧。
改写：走别人的路，让别人无路可走。

原句作为名言，自我们上学时就一遍一遍地出现在自己的作文里。但如果把这句话反过来讲，去走别人的路呢？结果是让别人无路可走！可谓诙谐而倔强。

此外，还有一句让我感触颇深的话：

想成绩出色？必须是做得好，更要说得好。

这是一位同事讲的话，分明是一句不错的文案，但在我们接受的教育里，一直强调"行胜于言"，即"说得好，更要做得好"。你看，这不是和我们的理念相违背吗？

同事是这样说的："当今是团队作战的年代，你不仅做事要出色，沟通更要出色。如果你讲不好自己的工作和需求，团队协作就会受到影响。假如你是团队的负责人，肩负着上传下达、内外沟通的大任，那就需要为成员鼓劲加油，需要为项目争取资源……"果然是更要"说得好"啊！

让这句话自带画面感

前面,我们探讨了文案的代入感。文案的代入感越强,越容易打动受众,转化率也越高。

那么,一句话文案怎样强化代入感呢?

答案是:就在这一句话中,向受众渲染场景的画面。

方法一:在一句话文案里植入故事

一句话可以讲清楚一个故事吗?

你应该听说过美国著名科幻小说家弗里蒂克·布朗所创作的最短科幻小说:

> 地球上最后一个人独自坐在房间里,这时,忽然响起了敲门声……

短短二十几个字，却是"麻雀虽小，五脏俱全"，有着时间、地点、人物、情节，并且设置了悬念。所以，文案用一句话讲故事是完全有可能的。例如：

> 今天，我又一次向妈妈介绍了自己。

世界上有一种疾病叫阿尔茨海默病，即老年性痴呆，它的可怕之处在于患者的记忆力会严重丧失，仅存碎片化的记忆，日常生活不能自理，大小便失禁……这句话就是一句绝妙的"关爱阿尔茨海默病患者"的文案，我们仿佛能看到一位老妈妈坐在轮椅上，一名男子半蹲于她面前低声地与之交谈，希望能够唤起她哪怕是一丁点儿对自己的记忆。

> "爸，衣服这里为什么会破？""心口痛，揉得久了就破了。"

看到这个故事，你眼前会不会浮现一个画面——女儿指着一件衣服胸前的破洞询问年迈的父亲，而老人坐在椅子上看书，头也不抬，故作轻松地回答："心口痛，揉得久了就破了。"

用一句话讲出的故事，往往能够展示最关键的一个细节，然后留给受众足够大的想象空间。

方法二：把个案添加到一句话文案里

笼统的叙述或者抽象的说理往往是乏味的，这时候，不妨把带有画面感的个案添加到文案里。

看看下面的例子：

①挣钱重要还是陪孩子重要？父母的有效期其实只有十年！

②孩子哭得撕心裂肺不让母亲走，赚钱和陪孩子，哪个更重要？

这个文案是要探讨到底是挣钱重要还是陪孩子重要。文案①重在讲道理，引导受众去思考；而文案②呢？添加了一个"母子别离"的个案，情节来自2021年春节刚结束时网络上热播的一段视频。湖南省娄底市新化县，一位母亲春节过后需离家返工，小男孩哭得撕心裂肺不让她走，拼命挣脱奶奶扑到母亲怀里，扯着母亲的头发不肯放手，看得人满是心酸。

这个文案蹭了该新闻的热度，不过通过新闻中的个案带给人的画面做铺垫，再谈"挣钱重要还是陪孩子重要"的话题，你的心里一定是另一种感受吧？

我们在本书中提到过的类似文案还有"挤了颗痘痘，女子高烧昏迷进了ICU……这地方别乱碰"等。

其实，将个案添加到一句话文案里，不只可以用于蹭热度，日常的场景也可以使用。例如：

⭐ 你家客厅的插排怎么放？警惕家中的儿童安全隐患
⭐ 满眼金黄的油菜花开了！又到了去春天里打卡的时间

方法三：运用细节使画面更具象

诗词中的景物描写寥寥几笔就能让我们身临其境，"两岸青山相对出，孤帆一片日边来""绿阴不减来时路，添得黄鹂四五声""窗含西岭千秋雪，门泊东吴万里船"……都足以传颂千古。

这些名句描写景物的共同特点是什么呢？

都重在突出细节，远自日边而来的一片孤帆、添得黄鹂四五声的绿荫路、可见西岭雪的窗子和门前停泊的船只……宛如一幅幅水墨山水画。

我们想让文案具有画面感，也要在细节用词上下功夫。例如：

⭐ 我爱你的微笑

将"我爱你"联系到微笑，这已经具象化了，但在我们的头脑里，"微笑"这个词仍然不够具体，所以画面感也是模糊的。

给微笑增加修饰词试一试，比如：

☆ 我爱你眼角含泪的微笑

☆ 我爱你嘴边那抹浅浅的微笑

"眼角含泪的微笑"会给人以怜爱的感觉,而"嘴边那抹浅浅的微笑"的女孩更像邻家小妹。通过突出微笑的细节,画面感顿时更加清晰了。

为了增加画面感,除了添加修饰词,还可以变换角度,借用更具体的场景去表达。

例如,"我想你每天陪着我"可以表达为"我想每天早晨醒来的第一眼都能看到你"。

再如,"超薄电脑"可以换成"可以装在信封里的电脑"。

我们在进行细节描写时,首先要选择好描写的对象,然后考虑怎样让这个描写对象在自己头脑中形成细致、清晰且有动感的画面。要注意,写作中尽量不使用抽象的比喻。

方法四:利用过程把感受写出画面感

感受是抽象的,但对感受的体验可以描绘出画面感。

比如冬天,遇到骤然降温,你打电话给南方的好朋友,你会怎么说?

"哇,太冷了!"这只是抽象地表达你的感受,朋友沐浴在南方暖暖的冬阳里,估计什么感受也没有。

"哇，太冷了！我穿得像球一样，还是一边走一边打哆嗦！"你如果这么对朋友说呢？

上面两个表述，是不是后一句更有画面感？朋友恐怕一下子就能想象你包在厚厚的棉服里缩头缩脑走路的样子！从这个例子我们可以看出，对体验的描述越具体，画面感越强。

还记得一个酒水广告的文案吗？

⭐ 难舍最后一滴，景芝景阳春酒

这听上去就会让人在头脑中呈现出一滴酒从酒壶口滴落的画面。虽然没有明说这酒口感如何，但对最后一滴的不舍已是对饮酒体验的最高褒奖了。

所以，遇到事关感受的文案，要写出画面感，不妨从描写体验入手。例如一个自发热鞋垫的文案：

⭐ 自发热鞋垫，不用电的冬天必备暖脚神器。

如果增加体验，调整为：

⭐ 让脚踩个小火炉，自发热鞋垫，冬日必备的暖脚神器！

是不是画面感强了许多？

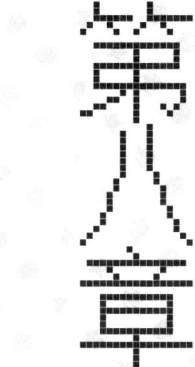

第八章

PART 08

10个实战攻略，
持续引流高转化

前面我们已经详细地探讨了"怎样构思文案""怎样训练写作"等内容，现在，明白了爆款文案的逻辑，写作的基本素养也有了，那么，怎样才能写得更快更好？怎样才能让自己写出的文案被更多人喜欢、更具有价值，甚至达到"一字千金"的效果呢？

接下来，我们就来聊一聊持续打造爆款文案的10个实用"功夫"。

8.1

压缩，压缩，再压缩

我做编辑的时候，报社有个针对新闻记者记工计酬的考核规定。

依据规定，每篇稿件1000字之内算1篇，超过1000字算2篇，整版算4篇。同时，稿件会被评报小组评出"A""B""C""D"4档，A档记15分，B档记10分，C档记3分，D档记0分。一般稿件是C档，优秀稿件是B档，只有优秀的独家稿件才会被评为A档。而有差错的稿件为D档，并会根据差错情况另作处罚。计酬方法是"档次得分×篇数"，这个分值的每一分会根据当月的经营情况对应到钱数。例如效益好时，每1分可以对应20元，但效益不好时，每1分可能对应10元。

我经常会把新闻记者写的一两千字、两三千字的稿子删减到千字之内，甚至只有三五百字。记者从没有提过意见，反倒对我很感激。这是为什么呢？

因为那些被删减过的稿子大多数能够被评为B档，甚至A

档。记者们知道，如果稿件因为太长或者质量不过关而无法被发表，他们是得不到分的；即使被发表了，最终被评为C档，3000字也才得9分。而被我删减编辑过的稿件，基本都会被评为B档及以上，能够得到10分甚至15分。

3000字的稿子不一定有三五百字的稿子值钱！决定文案价值的，一定是质量。只有在保证质量的基础上，价值才会和字数成正比。

也正因此，我们的"文字表达公社"活动，会在训练大家写完3000字左右的文章后，要求大家将其压缩到300字左右。

训练是这样进行的。

首先，确定一款产品作为写作对象，例如猕猴桃。

其次，设定写作目的：科普猕猴桃的相关知识。

再次，设定一个写作主题：《猕猴桃："留洋归来方识君"的水果之王》。之所以取这个名字，是因为猕猴桃原产于中国，却知名于新西兰，并成为广受大众喜爱的水果。它本来是产于我国南方的一种野果，20世纪早期，一名新西兰的女老师从湖北省宜昌市夷陵区雾渡河把它带回新西兰，后经人工培育改称为"奇异果"，在新西兰广泛种植，成为该国最负盛名的水果之一。20世纪70年代后，猕猴桃果实的独特风味得到消费者的认可和欢迎，才在世界范围内广泛传播。目前，除新西兰外，智利、意大利、法国、日本和中国都是猕猴桃生产大国。

最后，就要构思正文了。

3000字，字数有些多，该怎么写呢？我们可以先列一个提纲，努力拟定出五六个小标题，这样每个小标题下只需要写五六百字就够了，就会比较容易实现。

> 引子：我为什么喜欢吃猕猴桃
> 小标题1.洋水果or本土水果？猕猴桃的"身世之谜"
> 小标题2.猕猴桃的种类及市场现状
> 小标题3.猕猴桃的营养价值和适宜人群
> 小标题4.猕猴桃的挑选和"催熟"方法
> 小标题5.猕猴桃的花样吃法

这样分解下来，根据提纲去整理材料，写3000字就不算难了。

3000字的写作训练，主要是训练发散思维、逻辑表达和资料搜集的能力。再将其压缩到300字左右，则需要删减掉大量的旁枝末节，仅剩下核心内容，这可以训练扣题选材、详略表述、凝练表达的能力。

将文案写长难，将长文案缩短更难。许多时候，你会觉得这一部分很重要，那一部分也挺好，都舍不得删减，以至于最后甩给同事去"痛下杀手"，"眼不见心不烦"。

我们来看刚刚列过的提纲，哪些内容可以一笔带过，哪些内容需要重点保留呢？因为标题是《猕猴桃："留洋归来方识君"的水果之王》，所以猕猴桃的"身世之谜"（小标题1）是需要保留的,而猕猴桃的营养价值和适宜人群(小标题3)关系到这篇文案的写作目的,则需要重点保留。至于其他3个小标题,则可以一笔带过或索性删掉。

> 对很多爱美爱健康的人来说,猕猴桃是集美味与营养于一体的水果。
>
> 它原产于我国南方,古时多作药用,20世纪初传至新西兰,经人工培植,20世纪末风靡多国,才被更多国人所知并喜爱。
>
> 猕猴桃的营养价值远超其他水果,除含有猕猴桃碱、蛋白水解酶、单宁果胶和糖类等有机物,以及钙、钾、硒、锌、锗等微量元素和人体所需的17种氨基酸外,它还含有丰富的维生素C、葡萄酸、果糖、柠檬酸、苹果酸等。其中,一颗猕猴桃能提供的维生素C就是一个人一日需求量的两倍多,故被誉为"水果之王"。
>
> 据美国农业部研究报告,猕猴桃的综合抗氧化指数远强于苹果、梨、西瓜、柑橘等日常水果。它不仅是老年人、儿童、体弱多病者的滋补果品,还能稳定情绪、降胆固醇、助消化、防便秘,有着保护心脏的作用。

在这压缩后的300多字中,所保留的内容全部来自小标题1和小标题3。

只不过把小标题3中的一句——"对很多爱美爱健康的人来说，猕猴桃是集美味与营养于一体的水果"——提到了开头，因为它直接针对目标受众，放在最前面更容易吸引"爱美爱健康"的群体的关注。然后，将小标题1中的内容浓缩成了一句话。剩下的内容都来自小标题3，着重讲了猕猴桃的营养价值和它的食疗功用。

3000字的文案和300字的文案可以用在不同的地方，但相比3000字的文案，300字的文案更浪费不起任何一个文字，它需要做到3点：

①表述清晰，要把事情说清楚

这种情况下，详略得当更为重要。将与主题无关的语句舍弃，将次重要的内容简化，把文字留给最重要的内容。

②更吸引人，内容实用、有趣或者新奇

文案要吸引人，就必须能满足受众的某一点需求，可以是知识需求、技能需求、财富需求，也可以是娱乐需求或精神层面的需求。

③目的明确，让受众记住产品或者你要传递的信息

对写文案来说，明确目的是最重要的。要把你的产品、要传递的信息放在最醒目的地方，通过突出强化或者巧妙的设计，确保受众能够注意到并记住它，如果能引导形成二次传播更好。

8.2

试试果断地
删掉开头的一两段

"央广网"发布的一篇推文《秭归脐橙的新电商之旅：美团优选助好橙直通全国》的开头是这样写的：

> 位于秭归县城的一座物流园内，近30名包装工正在分装美团优选刚刚从秭归各个乡镇村落采购回来的脐橙。5斤一箱、2斤一提，在工人们的手下，新鲜的脐橙被快速套上防撞套，按照不同规格和重量被打包装箱，等待发货。
>
> 据了解，通过美团优选，这些脐橙已经销往山东、江苏、浙江、广东等省份的20余个城市，普遍反响良好，后续多个批次的脐橙采购销售计划已经提上日程。从1月中旬至2月1日，通过美团优选"农鲜直采"计划，秭归脐橙销售量已超68万斤。
>
> "我们的脐橙终于有着落了，可以安心过年了。"向群、韩平夫妇激动地给记者打来电话报喜，他们说，家里所有的

"红肉"脐橙均已通过美团优选品质鉴定,平台一次性把他家的5000斤"红肉"全部收购了。

如果直接删掉前两段,感受如何呢?

"我们的脐橙终于有着落了,可以安心过年了。"向群、韩平夫妇激动地给记者打来电话报喜,他们说,家里所有的"红肉"脐橙均已通过美团优选品质鉴定,平台一次性把他家的5000斤"红肉"全部收购了。

完整性没有受到影响,读着反倒更凝练了。对不对?地点"秭归"和第二段表述的一些信息完全可以放到后文中。

为什么会出现这种情况?

许多时候,我们写文案比较"慢热"。围绕着开头绞尽脑汁,这样写,那样写,功夫花了很多,但就像刚开始学骑自行车一样,你越紧张自行车越不走直线,文案的开头也一样,一不小心就兜了个圈子,反倒后边写着写着就找到了感觉。

你留意一下各内容平台就会发现,这种情况很常见,很容易消磨受众的阅读耐心。如果你发现自己的文案也有类似的问题,想破解也非常简单——当你完成文案后,回过头来果断地删掉开头的一两段。这样一个简单的操作,往往就能让你的文案更见功力。

其实，对于写作开头的技巧，我已经在前文中陆续讲了不少，这里就不再赘述了。我只想强调一下，文案写得越长，有耐心读下去的人就越少。优秀的文案，开头大都写得简洁、利落，无论是直接传递关键信息，还是设置悬念，都会几句话就点出重点，然后进入正题。

现在许多人写文案都喜欢兜圈子，有些是无意间所为，有些则是故意为之。如果是无意间所为，那就多作修改；如果是故意为之，建议不要画蛇添足。

8.3 搜集资料前，先弄清楚4个问题

搜集资料，是写作必不可少的环节。

刚开始做记者的时候，我不止一次遇到过因搜集资料而带来的尴尬。

一次是我采访杀毒软件行业的著名企业家王江民。当时临时接到了采访任务，加上自己还是新手，所以虽然列了采访提纲，但因对杀毒行业没有知识的积累，事先搜集到的有效材料并不够。于是采访时，我只好事无巨细地提问，遇到稍微专业的名词甚至要问怎么写，原本计划一小时的采访生生被我拖成了两小时，害得这位随和的企业家不得不调整日程。尽管如此，那篇报道仍然写得很不理想，浮光掠影，没有写出应有的价值。

另一次是我要写一篇比较长的专题报道，需要写七八千字。我提前搜集了大量资料，整理在一个word文档里，有40多页，后来做完了采访，因为需要处理其他紧急工作就暂时搁置了。当我停了四五天再写稿时，才发现之前搜集的资料竟然理不出头绪

来了……

因此，我想总结一下在资料搜集和使用上常会遇到的几个问题。

问题一：哪些资料会有用？

一篇好的文案，除了角度新颖，深度的挖掘也非常重要。

而要达成这两点，就要求文案创作者对写作对象和相关行业足够了解和熟悉。所以，除了日常积累相关的信息外，在写作之前也要尽量广泛地搜集资料、积累素材。

①直接相关的信息

无论是写人物还是产品，都应该尽量多地掌握与之关联的信息，例如成长历程、特点特长、所获赞誉等。

有些信息看似无关紧要，但如果运用得巧妙，可能就是使文案鲜活的来源。例如，某位受访者思考时有轻轻敲击桌子的习惯，这个动作就能够被用于细节描写。再如，有的系列产品于细微处有着某一共同点，你可以询问设计者，说不定此处有着特殊的用意。

②行业资讯和数据

行业资讯可以让我们了解该企业或者该产品的前景如何，数据则可以让我们了解写作所涉及的企业或者产品在行业中的位置如何。

掌握了行业资讯和数据，可以使你的采访和写作更加专业，而且在采访时也能够有的放矢。

例如，整个行业处于下行空间，而你通过搜集的资料发现，某企业却逆势增长，那么就可以去深度发掘其背后的原因；反之，如果它目前也处于困境，则可以考虑寻求新的突破途径等。

行业资讯和数据的引用还有助于增强文案的说服力。

③竞争对手的动态

你可能疑惑："我要写的是这个企业或者产品，为什么要搜集它的竞争对手的信息？"

其实，掌握竞争对手的信息非常重要。

你掌握了其竞争对手的信息，才能通过比较来了解你要写的企业或者产品的特点是什么，并预测其下一步会有什么样的应对措施和布局。这样写作时你才能写出受众更关心的内容，也才能避免拿自己的短板当长处去炫耀，以至于在业界贻笑大方。

④用户评价

用户评价对文案创作者来说有3点用处：一是寻求负面评价的答案；二是发掘写作对象的优势；三是探知写作对象的突破点。

用户的负面评价有中肯的，也难免有存在误解的。掌握了用户的评价，有针对性地寻找答案并予以解释，有助于用户对企业和产品的正向认知。

而借助用户积极正面的评价，则可以进一步发掘出企业或者产品的优势价值所在。

用户提出质疑也是难免的，可以将这些问题抛给企业或者产品的负责人，探知他们后续的发展方向和解决方法。

问题二：到哪里去搜集有用的资料？

现在的信息获取渠道已经比较通畅，想搜集到足够多的资料可以尝试这样几种方法：

①检索网络及相关文献

在网络和相关文献上进行检索，可以找到大量的资料，包括之前有关写作对象的报道、行业资讯和数据、竞争对手的一些动态，甚至用户在互联网上的一些评价等。

需要注意的是，这样搜集来的资料非第一手资料，在后续的采访中一定要向当事人或者产品负责人核实求证。

②向相关负责人索取

资料的另一个重要来源是向相关负责人索取。

例如，要写一位企业家，可以于采访前向该公司的公关部门或品牌部门索取关于企业和企业家的资料；如果写产品，则可以向产品经理和市场部门索取相关的详细介绍、市场数据，甚至竞品分析信息等。

为了文案的质量，能够得到的资料越详细越好。

③访问有关联的人

"有关联的人"概念比较广，可以根据实际需要确定。比如写作对象是企业家，那么有关联的人就包括他的合作伙伴、团队成员、重要客户、朋友等；如果写作对象是产品，那么有关联的人则可以是产品研发人员、销售人员、用户等。

我把"访问有关联的人"放在"采访当事人或者负责人"之前，是因为通过这个环节获取到的信息通常有助于后续的深度采访——你可以从中发现新角度、新问题去和当事人或者负责人交流、探讨、求证。

④注意观察

这个观察包括采访产品负责人之前对产品的观察，也包括采访当事人时对其神情与动作的观察。如果有条件，你还应该对文案所涉及的产品进行体验和试用，了解其外观、功效、工作原理、服务流程等。

对当事人的观察和对产品的观察、体验有助于在写作时使你的描写更加鲜活。

⑤采访当事人或者负责人

采访你要写作的人物本人或者产品的主要负责人是资料搜集工作的重中之重。

这是一个对事先掌握的资料进行求证的过程，也是对事先准备的问题或者心存的疑问的最终求解机会。所以，在这个环节，你要努力保证获取的信息足够详细、具体，包括每一个时间、地点等，都要足够精准。

另外，这时候受访者的答案是动态的，可能随时出现新的亮点或者透露出新的信息。你一定要注意捕捉每一个"意料之外"的表述，马上追问，发掘出有着更大价值的内容。

问题三：如何让受访者愿意回答你的问题？

我采访过的企业家有上千位，至于项目负责人、产品推广人员、消费者就更多了，所以各种类型的人我几乎都遇到过。有健谈的，有不善言谈的；有谦虚随和的，有桀骜不驯的；有特别配合的，也有拒不配合的……如何让他们愿意回答你的问题呢？

①对于大多数人，释放善意，让对方信任你，平等交流

大多数人都是比较容易交流的，会主动配合你的提问。在这种情况下，你只要摆正自己的位置，表现出自己的善意，获得对方的信任，然后根据事先准备好的问题，平等交流就好。

②对不善言谈的受访者，采用引导法

尤其是一些做技术工作的人，往往不善言谈。

"对付"他们，一种方法是找到他们的兴奋点。例如产品、技术等，其中至少有某一方面会让他们两眼放光，能够侃侃而谈。等把气氛活跃起来，你反倒会发现他们看问题的角度大都刁钻，能够一语中的。

另一种办法就是引导法。你在提出问题时，尽量描述详细，可以加上第三方的观点，让受访者的回答能够有的放矢。

③对不配合的受访者，逼迫他，让他不得不解释

那些配合度不高的受访者，有的人是时间紧张，这种情况下可以另约时间。如果你赶着出文案，那就选择一个最不理想的处理方式——发给对方采访提纲，让他尽快抽时间回复你。

而有的人是因为立场问题，从内心已经站在了你的对立面，正想掩盖某些问题呢，当然对你避之不及，不想沟通。还有的人则桀骜不驯，总是鼻孔朝上，打心眼儿里看不上你。

对这两类人，你千万不要发怵，而是要表现得不卑不亢。尤其是面对桀骜不驯的人，你甚至可以故意表现出藐视他的态度，然后直接抛出尖锐的问题，让对方不得不接招。例如："据说你们投入5000万元的某项目，投入市场后的销量还不及××公司低成本研发的竞争产品的一半，你们分析问题出在哪里了吗？"

他可能不会直接回答你的问题，但也会辩解："怎么可能不到对方销量的一半，我们的产品……"

提出尖锐的问题时，你可以选择有尺度地贬低对方，或者故意提及对其不利的传言。

问题四：怎样解决"搜集了大量资料过几天却发现没了头绪"的问题？

当你决定保留某份资料时，在那一刻你一定是有理由的。等过几天却发现没了头绪，是因为你已经忘记了自己当初将其保留

下来的理由，或者找不到重点。

所以，解决这个问题的有效方法，就是对所搜集的资料及时筛选，进行分类、圈重点、做备注。

在保留资料时，尽量不要全文保存，而是只截取其中有用的部分，将无关的内容果断删去。然后将资料按使用目的分类，存入不同的文档或文件夹，并为每份资料加上标签，对内容圈出重点，用显眼的文字备注上这部分资料能够说明什么问题，下一步将用在何处等。

如果资料过多，你还可以单独做一份检索文档，以便查找。

8.4 找到最有价值的切入角度

同一件事情或者同一件商品，写作的角度都不止一个。

就像前面提到的"家长退群事件"，众多创作者有的选择了批评老师错位的角度，有的选择了批评家长情商的角度，有的反思教育减负的问题，有的感慨中年压力的问题等。

再如，写一双鞋子，你可以从时尚感的角度切入，它的外形怎么样，款式怎么样；可以从使用场景的角度切入，它在什么地方穿能体现出什么样的风格；也可以从用户体验的角度切入，舒适度怎么样，质量怎么样；还可以从使用安全的角度切入，怎样设计可以解决防滑的问题……

但就一篇文案而言，不管你能够发现多少个写作角度，最终最适合你写给目标受众看的都应该只有一两个。那么哪个角度才是最有价值的呢？想找到它，最有效的方法是将所有的角度列下来，然后逐一追问几个问题。

问题一：这个写作角度能给目标受众带来的好处是不是最大？

能够给用户或客户带来价值的文案，才是有价值的文案。

我们写文案经常犯的一个错误是，总是从自己有什么、懂什么出发，而不是考虑受众需要什么。

下文是一个福特汽车早年在竞争中走麦城的故事：

> 在20世纪初，福特公司曾以价格低廉的T型车称霸市场，1921年，福特T型车的产量已超过世界汽车总产量的56%。但随着低端市场的饱和，消费者不再喜欢千篇一律的福特T型车，希望福特公司能够推出新车型，哪怕只是换个颜色。但亨利·福特不同意："我不管你们喜欢什么车，我只生产T型车；不管你们喜欢什么颜色，我的福特只有黑色。"
>
> 结果，它的竞争对手通用公司推出了新式样、新颜色的雪佛兰汽车，以满足客户需求的特色化产品来对抗廉价的福特汽车，很快获得成功，抢占了福特T型车的大量市场份额。

在产品匮乏的时候，你有什么，客户就会要什么；但当产品充足甚至过剩的时候，客户就站到了主导的位置。你能满足他的需求，他就会追随你；你自说自话漠视了他的需求，他就会离你而去。

你对受众说"我会做特别美味的蛋糕",一定不如"你要吃美味的蛋糕?我能做给你吃"贴心、亲切。

所以,文案要想有价值,一个重要指标就是能满足受众什么需求,给受众带来什么好处。这个好处可以是利益、知识、技能,或者某个问题的解决方法、心理上的满足等。

这个问题的答案对于写作角度的选择是一票否决制的。如果"能给目标受众带来好处"的得分值较低,就可以把它直接放弃了。

不过我们要注意的是,多数"好处"有着群体的局限性。比如刚刚提到的写鞋子的文案,如果你的目标受众是写字楼白领,那么这个群体需要的好处是鞋子能够带来时尚感,其他要素可以往后排;如果你的目标受众是老人,那么这个群体关注的好处则在使用安全和用户体验方面,至于时尚与否,已经不是重点。

问题二:这个写作角度是不是最适于彰显你的产品或见解的独到之处?

在确认你的写作角度能给客户带来好处之后,你还要考虑这个角度是不是适合呈现你的产品或者见解的独到之处,即你在同类话题文案中的优势和差异性。

在回答这个问题之前,你首先要清楚你的产品或见解的独到之处是什么。这个独到之处可以根据同类话题文案的饱和程度去圈定。

在事物发展的早期阶段，同类话题较少，你的产品或见解的实用性、新颖度都是独到的，这时候文案围绕目标受众的需求进行呈现就可以了。比如你第一时间捕捉到了你所在领域的一个新问题，你的文案只需提出建设性观点，它就是独到的。而对于产品，例如"黑大蒜"前些年还是新生事物，市场上较为少见，那么你突出它能给消费者带来的杀菌消毒、抗氧化、抗衰老效用就好了。

但当同类话题已经被广泛传播，受众再看相关内容时，就已经有了比较。这时你所讲的无论是产品也好，见解也好，需要有"更独到"的一面才能打动他们。还以"黑大蒜"为例，当市场上同类产品较多时，文案就需要发掘新的"卖点"，比如"富硒"等。市场再饱和到一定程度，还可以进行深层次的对比，突出你的产品物美价廉，并且在某个细节上做得更好、更独到。

至于饱和程度更高的话题，恐怕就要在"背书"上做文章了。如果是产品，就需要考虑品牌的知名度、专业机构的研究证明、业内专家的评论和推荐等；如果是见解，就需要去寻找权威部门或者权威专家的声音作为佐证。

家长退群事件发酵到今天，教育部已经做出回应表示，将主要采取三方面举措，指导地方落实好作业管理工作。对于违反有关规定，特别是布置惩罚性作业、要求家长完成或批改作业等明令禁止的行为，发现一起，严处一起。

到了这个阶段,事件往往就接近尾声了。

问题三:这个写作角度能不能关联到时下的热点?

如果选择的写作角度能够关联到热点,文案定然更容易获取流量。

还记得前段时间大火的《小欢喜》大结局吗?

孩子们考上了各自理想的大学;方圆一家四口期待着方朵朵出生;乔卫东和宋倩复婚了;刘静痊愈,一家人搬离北京。

而早在结局前,最虐心的一幕,莫过于宋倩的女儿英子跳海:

"我就是想要逃离你!"

"我配不上你给我的爱!"

"我没有做好你们的女儿,没有变成你们心里的样子!"

当英子哭喊着吼出一句句刺耳的话语时,身为父母真是钻心的痛。

这是摘自"荔枝微课"的推文《"你能不能少管我?"听完这句话,无数妈妈哭了……》中的文字,关联了一部大火的电视剧《小欢喜》。其实,这是一篇销售文案,产品是育儿课程。

但与热点电视剧的关联使这篇文案能够快速将读者代入那个电视剧所营造的氛围里，引发情感上的焦虑共鸣，并最终随着文案的一步步铺垫，促成课程的销售转化。

怎样判断一个写作角度能不能关联到时下的热点呢？

第一步，找到你选择的写作角度要反映的现象。例如"荔枝微课"的这篇推文，在铺垫阶段要反映的现象是"父母越是控制，孩子越是失控"。

第二步，拟定一个情形，然后去找材料。针对要反映的现象，我们可以想象出所需要的材料，以"荔枝微课"的推文为例，材料应该是事件中的孩子越来越不好管，甚至表现非常过激。

第三步，搜寻相关的热点事件中有没有类似的情形。搜寻中优先考虑热点新闻事件；其次是热播的影视作品情节；再次是知名度较高的文学作品片段。

问题四：这个写作角度有没有新意？

我的办公室附近有一所小学，每次放学时，小朋友们都排着队从校园里走出来，男生们都穿着统一的校服，带着统一的小黄帽，只看一眼，很难对谁能有点儿印象。但如果其中有一个小胖子，或者有一个歪戴着帽子的，一下就能够发现。

发现他是因为他的与众不同。文案也一样。

大家都写老师训斥学生是不对的，你也写老师训斥学生是不对的，这样了无新意，这样的文案又怎么可能有大的价值呢？想让你的文案在传播过程中脱颖而出，就需要一个有新意的角度。

这个角度可以来自反向思维，即对已成定论的事物或观点反过来思考。大家都认为老师训斥学生是不对的，那你就去找支持老师训斥学生的论据。例如，好的教育必然奖惩分明，好的老师必然管教同步，要支持老师直起腰来，担负起自己教育孩子的使命和责任，敢于对违反纪律的学生进行必要的处罚。需要注意的是，你一定要有充分的理由做支撑，不要为"反"而反。

如果反向思维行不通，还可以将事情放大，寻找新角度。还以老师训斥学生为例，将越来越多的老师不敢训斥学生放大看，它反映出老师已经变成学校为家长过分"维权"退让的受害者，可以结合教育部部长陈宝生说的"跪着的老师，教不出站着的学生"，上升一个高度进行立意。

另一个寻找新角度的来源是剑走偏锋。大家讨论老师训斥学生对不对，双方观点你来我往，似乎已经没有新的道理可说，那我就说说其他相关的问题。例如，这样一件事何以成了话题？没有严师还能不能出高徒？家长过分"维权"想要的到底是什么？

8.5 找准受众的痛点

要触动受众的内心，除了引发共鸣外，还有很重要的一种方式——找准受众的痛点，要让他从心底感受到："对！这就是我需要的！"

找准受众想要的，并且给予他，才能让文案实现最大的转化效果。

引发共鸣的方法前文已经讲过，这里不再赘述。那怎样才能找准受众的痛点呢？

方法一：需求递进分析法

有个经典的卖电钻的营销案例：

> 假如你是卖电钻的售货员，来了顾客，你会怎么问？
> "你好，你要什么牌子的电钻？什么型号的？"

但大多数用户都说不清楚，你怎么办？介绍牌子、讲优点、讲钻头多经久耐用、一年保修、一个月包换……只会让顾客懵掉。

但如果你换一个问法："你要买电钻干什么？"

"打孔。"

你接着问，在什么地方打？打什么样的孔？要打多大、打多深？……很快，你就知道顾客到底需要什么样的电钻了。

许多时候，用户能说出的可能只是他的表层需求，但事实上他的本质需求才是痛点。需求递进分析法就是在你发现客户对自己的需求也有些迷茫的时候，换一种方式去深究，不再询问他"需要什么"，而是询问他"需要干什么"。然后经过不断地追问、分析，最终掌握到客户的真实需求。

方法二：自身体验寻找痛点法

手指被门挤一下痛不痛？有多痛？如果没有体会过，你一定说不清楚。

我们写文案，如果只是想象客户的痛点，然后试图说服对方购买产品，不是做不到，但我们的表达一定缺乏感染力。

自身体验寻找痛点法，就是深入到对方的生活或者工作场景中,感受他们实际面对的困境和问题,体验对方现有的应对方法,进而发现他们的痛点所在,研判解决的方法。

在这个基础上,针对痛点写出的文案才会更贴心。

方法三:细化用户需求法

用户的需求,尤其是痛点需求,转化到产品上时一定是可以具体描述的。

假设你的产品是牛肉。吃牛肉的好处有很多,但要怎么找到客户痛点写文案呢?

☆ 牛肉含有丰富的蛋白质、氨基酸,能提高机体抗病能力,对生长发育及手术后、病后调养的人有益。

☆ 牛肉可以补中益气、滋养脾胃、强健筋骨、化痰息风,适用于补气、补体虚。

☆ 牛肉有暖胃作用,适宜于寒冬进补。

☆ 牛肉的热量不高,所含的脂肪也少,亚油酸有着抗氧化的作用,适合减脂人群食用。

☆ 牛肉拥有优质的蛋白质,富含的氨基酸能为无氧运动提供能量,减少乳酸的产生,使肌肉便于恢复,提高锻炼的效果,适合运动人群食用。

☆ 牛肉中富含丰富的铁和锌,每100克的牛腱含铁量为3毫克，含锌量为8.5毫克，分别约为怀孕期间铁建议量的10%和锌建议量的77%，因此孕妇吃牛肉补铁和锌比很多食品都更好。

我们可以看出，一项产品针对不同的人群可以解决多种问题，即能满足不同人群的痛点需求。遇到这种情况，可以将你的目标受众的需求进行细化，对应到产品的功用中去，并根据匹配度进行排序。匹配度越高，越贴近他们的痛点。

方法四：对标产品映射法

对标产品映射法是通过确立自己的对标产品，并研究对标产品在解决用户的什么痛点，进而确认自己的产品所针对的用户痛点。

我经常遇到一种情况，不少创业公司的老板尤其喜欢说"市场上没有和我们一样的产品"。好吧，即使真的没有，也一定有和你们的用户完全重合的、功能多少有些类似的产品，参照它们进行研究就好。

这个方法有些投机取巧，但却非常有效。不过在确定你的产品所针对的用户痛点后，一定要挖掘出你的产品的新特色、新优势，才可能在文案上赢过对标的产品。

方法五：用户反馈信息深层发掘法

中国有句古话，叫"无心插柳柳成荫"。有不少取得商业成功的产品，并不一定就是发明者最初选定的方向。

> 男性壮阳药"伟哥"最早的名字其实叫作"西地那非"，它本来是美国辉瑞制药公司的科学家们发明的心脏病新药，希望它能够治疗心绞痛。然而当这种心脏病新药在英国斯旺西市的一家医院中首次进行临床试用时，却发现这种新药对试用的心绞痛患者并没有明显的疗效。
>
> 然而让医生们困惑的是，虽然该药对治疗心脏病作用不大，但参与临床试验的男患者们却拒绝放弃这种药，甚至还向医生索要更多的药片。原来，男患者们发现该药具有一种奇特的"副作用"：它能使他们的生殖器官迅速勃起。于是辉瑞制药公司决定改弦易辙，将这种意外成了"壮阳药"的心脏病新药取名"伟哥"，于20世纪90年代末正式投向全球市场，这给辉瑞制药公司带来了滚滚的财源。

用户是产品的使用者，最清楚产品可以解决自己什么问题，不能解决什么问题。用户反馈信息深层发掘法是指通过定期或不定期的用户回访，认真记录并研究用户的反馈，发掘其中包含甚至被隐藏了的信息。用户不经意的反应可能就会对你发掘产品所能够满足的用户痛点有所帮助。

方法六：竞品差评破解法

竞品的用户群体和你的是一致的，他们的痛点也是一致的。

研究用户对竞品的体验反馈，不仅可以借鉴来用以完善自有产品提高竞争力，而且可以从对方的"差评"中发现用户的关注点。如果竞品的差评所暴露出的问题在你的产品中已经得到解决，那正好可以用到文案中进行正面宣传。

竞品分析是个很专业的问题，产品经理都会格外关注。对于文案创作者来说，我们可以从产品经理那里获取相关信息，但自己也可以从几个渠道掌握市场对竞品的评价。

渠道之一，关注竞品在电商渠道中的用户评论。可以通过这些评论了解喜欢竞品的用户喜欢哪些方面，对竞品的意见集中在哪里，进而分析受众的痛点。

渠道之二，掌握包括竞品在内的行业舆情信息。

渠道之三，针对竞品进行用户调查。我们一般比较注重对自己产品的用户调查，但竞品的用户调查更可以让受访用户畅所欲言，帮我们更客观地看到他们对产品的期望。

方法七：跨界痛点转化法

有时候，我们的产品可以跨界解决特定用户群体的特殊痛点，而且这个痛点还可能会启发我们发现有着类似特殊痛点的更广泛人群。

几年前，我曾去海尔集团访问。在海尔集团的陈列馆里，有一款可以洗地瓜的洗衣机。陪同的员工给我讲了这个特殊的洗衣机的故事。

> 1996年，海尔集团创始人张瑞敏到四川出差，听说洗衣机在当地的农村销量很不好。他去了解情况时，农民反映排水口老是被堵死，机器不好用。
>
> 原来，当地带泥的红薯洗起来费时又费力，农民就直接用洗衣机来洗，但皮屑和泥土很容易就堵死了排水口，农民也就不愿再买洗衣机了。
>
> 张瑞敏由此发现了农民的新"痛点"。他回厂后，立即要求开发部门开发能洗地瓜的洗衣机。1998年，海尔能洗地瓜的洗衣机批量生产，而且除了洗地瓜，还能洗水果，价格848元。首批生产的一万台洗衣机，很快就销售一空了。

循着这个思路，海尔开始关注洗衣机的其他跨界需求，结果发现，安徽、江苏每年都会有大量小龙虾上市，小龙虾店生意火爆，但小龙虾不好洗，于是他们针对这一特殊难题设计推出了能洗小龙虾的"洗衣机"，它还能保护小龙虾的爪子不被洗掉。

从洗衣服到洗地瓜，再到洗小龙虾，这跨界思维跳跃得令人脑洞大开。不过这又的确是客观存在的痛点，可以有效拓宽产品的销量。

8.6 对字句进行推敲、置换和调整

我们判断一篇商业文案是不是成功,往往通过这样两个维度:点击量和转化率。

点击量和转化率越高,我们就认为这篇文案越成功。不过,在这两个可以量化的维度背后,对文案创作者自身素质的要求,则体现在话题选择能力和文字驾驭能力上。

文字驾驭能力是最基础的写作能力。我们平日里看一些文章,有的如行云流水,令人轻松阅读,有的却晦涩难懂、语病连连,让人难以读完,作者的功力就差在文字驾驭能力上。

阅读和推敲是提高文字驾驭能力的有效手段,我们可以通过阅读来学习,但更需要通过推敲去打磨。

大家都知道,"推敲"一词源自唐代诗人贾岛。

贾岛是著名的苦吟派诗人,这个流派追求文字上的极致,往往为了一句诗或者诗中的一个词,不惜耗费心血、苦苦揣摩。

贾岛某日骑驴行走在都城长安的大街上，想到了自己新近写的一句诗："鸟宿池边树，僧敲月下门。"正琢磨"推"字和"敲"字哪个更好，一时拿不定主意，便在驴背上不停地做着推和敲的动作。当时韩愈正在京城做官，带车马出巡。老百姓纷纷避让，贾岛骑在毛驴上，比比画画，竟然闯进了仪仗队中。于是他被带到了韩愈的面前。贾岛就把自己作的那首诗念给韩愈听，并说自己拿不定主意"推"字和"敲"字哪个更好。韩愈认真思考了好一会儿，最终定下了"敲"字更好。

我们今天写文案，一般篇幅较长，不太可能像古人那样把每个字都推敲到极致。不过，我们也不能放松对文字驾驭能力的要求，至少要做到通顺流畅、准确凝练、鲜活生动。

要推敲文案中的语句，打磨文字能力，可以从以下几个方面入手。

①理顺句子

当一篇文案出现表达不清晰的情况时，多是因为句子过长，或者想一次性表述的东西太多，结果造成了逻辑上的混乱。

这是某公众号推文中的一段，想传递的信息比较多，所以读起来并不是特别顺畅。

1847酒庄在参加过两届成都的春季糖酒会后，今年参加了在山东大厦举办的葡萄酒类专业酒店展,在展会上,1847酒庄展示了干白、干红、桃红、起泡、甜白、波特等各个品类的酒,相比较于其他酒庄,1847品类齐全是这个展会的一个亮点,特别是莫斯卡托低泡酒和晚收甜白深受女士的青睐。波特酒作为澳洲葡萄酒行业的稀缺品种,在本次展会上更是大放异彩,20年、30年、40年年份波特更是引来经销商朋友们纷纷驻足1847酒庄展台,一品方休。

我们将以上内容进行调整。这段文字中有两个句号,即两句话,我们要做一下分解,将每一个意思表达分为单独一句话,同时在逻辑上进行梳理。调整后为:

1847酒庄一直注重与经销商的互动交流,在两度参加成都的春季糖酒会后,这次又出现在于济南举办的葡萄酒类专业酒店展上。

相较于其他酒庄,品类齐全使得1847酒庄成为这次展会的一个亮点。1847酒庄干白、干红、桃红、起泡、甜白、波特等各个品类的酒水一应俱全。其中,波特酒作为澳洲葡萄酒行业的稀缺品种更是大放异彩,20年、30年、40年等年份的波特引得来自全国各地的经销商纷纷驻足品尝。1847酒庄的莫斯卡托低泡酒和晚收甜白,则格外受到了参会女士们的青睐。

原文的两句话，在修改后被拆成了5句话。

原本"成都的春季糖酒会"和"在山东大厦举办的葡萄酒类专业酒店展"之间存在两个问题：一是两者没有逻辑关系；二是"成都"与"山东大厦"不对等。修改后，增加了"1847酒庄一直注重与经销商的互动交流"统领二者，再就是将"山东大厦"换成了所在城市"济南"，与成都相对应。

另外，"相较于其他酒庄，品类齐全使得1847酒庄成为这次展会的一个亮点"提前，放在了列举酒水品类的前面，突出了其展示的"成果"。之后，将经销商对波特酒的反应也提到了"女士们青睐"的两款产品的前面，更能够突出其"亮点"地位。

通过这个示例可以看出，理顺句子的技巧在于拆分长句、每句一意、删除冗余、厘清逻辑。

②运用修辞

恰当地运用修辞手法可以使文案更加生动，读起来也更通顺、更有节奏感。

画图的度，可以用尺量，而生活的度，需要用心去感知。

我们要感知身体的变化。工作压力大或是疲惫过度时，很多人会出现肩颈酸痛、头痛、眼花等问题，其实这些都是身体在以它的方式提醒我们，要做出适当调整了。

记得给忙碌的生活加一些停顿，养成保养身体的好习惯。工作间隙，随手用几张便利贴提醒自己多喝水、常眨眼；有规律地做做运动，伸伸胳膊扭扭腰，都能让身心得到很好的放松。身体是我们最忠实也最重要的朋友。一个对自我负责的人，不会过度消耗自己的健康。

我们要感知情绪的变化。人都有情绪，也容易被情绪所扰，但不必对此过于抗拒。就像我们总能理解婴儿的小脾气，愿意为其不厌其烦地收拾残局一样，我们也要学会看见和调节自己的情绪，别把对情绪的管理演变成过度的控制。

你善待情绪，情绪就会善待你。与情绪温柔相处，是让一切变好的重要前提之一。

这是摘自公众号"人民日报"夜读栏目中的一段文字。行文间，作者运用了类比、排比等多种修辞手法，读起来轻松顺畅、朗朗上口。

③扩充细节

写文案时，如果只管闷着头写你想表达的信息本身，那文案一定是枯燥乏味的。要让文案生动形象、通顺流畅，除了运用修辞手法，还可以扩充细节。

扩充细节的方法是指在修改阶段感觉某个应该重点处理的内容力度不够，通过扩充细节性的内容使其丰满起来的方法。它包括增加事例、信息，施以特写，细化场景等方面。

例如在"理顺句子"小节的调整示例中有这样一句："波特

酒作为澳洲葡萄酒行业的稀缺品种,更是大放异彩,20年、30年、40年等年份的波特引得来自全国各地的经销商纷纷驻足品尝。"这突出了1847酒庄在展会上,"波特酒作为澳洲葡萄酒行业的稀缺品种大放异彩",根据篇幅完全可以扩充细节。接下来可以增加展台前的场景描写、经销商品酒的反应、对该酒的评价等,甚至可以选取有代表性的经销商,写出其背景、交流和评价的细节。

④注重遣词造句

遣词造句是最早开始训练的一项写作技能。早在小学学习看图说话之前,我们就开始用"如果……就……""一边……一边……"造句了,但对文案写作来说,仍有几点需要特别注意。

☆ 规避错用词语

错别字就不必多说了,一定要杜绝。但许多时候,可能有些词语我们并没有掌握正确的含义,例如"万人空巷""求全责备""目无全牛""七月流火"等。对把握不准的词语,要么规避不用,要么先查清楚。否则,用错了就会成为文案的硬伤,可能引发受众对你水准的质疑。

☆ 减少专业术语、生僻字词

很多文案是要给更多人看的,而非专业的学术探讨,所以要尽量减少专业术语和生僻字词的使用。如果确实规避不开,一定要进行解释,或者通过比喻、类比,或者通过阐述其意义、作用、影响等方式,使得专业术语通俗化,更易于被人理解。

☆ 注意对照用词

当出现并列关系的词语时，应注意对照用词，最好是同级别、同类型的词相互搭配。例如在"理顺句子"小节的原文示例中，把"山东大厦"和"成都"并列，就会让人读着不舒服，改成"济南"对应"成都"就好了。至于同类型的词，如果写一个人"身材魁梧、仪表堂堂"，都是描写外貌，并列起来就没有问题，但如果是"身材魁梧、无精打采"，一个写外貌，一个写神态，并列起来就怪怪的了。

☆ 修正语句问题

语句问题体现在表达错误、表述啰唆等方面。例如，"除夕之夜，我走在空旷的城市街头"，发现问题了吗？除夕就是年三十的晚上，后面的"之夜"就是画蛇添足。"他被大家称为是发明大王"，"为"就是"是"，直接使用"称为"就够了。"他这个人一直很低调，是个低调的人"——完全相同的意思讲了两遍。

这些细节可能在写作时不会注意到，但回过头来一定要修正。

⑤持续修改

我们写作的时候，会沉浸在某个语境里，感觉自己的表达很清晰、完整，但写过之后放一放，等心绪退出来，再去看自己的文案时就会发现一些问题。

所以，文案的修改和写作一样重要。

鲁迅在谈到写作时提倡："文章写完后至少看两遍，竭力将可有可无的字、句、段删去，毫不可惜。"

大文豪尚且如此，我们又怎能偷懒呢？

我们在文章写完后至少看两遍，除了"竭力将可有可无的字、句、段删去"外，还要对一些语句的表达进行推敲，对某些用词进行置换，对某些段落顺序进行调整。

总有那么一两句话
高深又新鲜

在职场上,大家大都不喜欢浮夸的人,而是青睐于有能力、有水平的人。

一篇文案能不能得到认可,也取决于它有没有"水平"。这个水平,可见于新颖的写作角度,可见于老道的文字功力,也可见于总有那么一两句话说得比较巧妙,并且恰好点在受众的心坎上。

在爆款文案中,往往都有这么一两句话,看似简单却又让人感觉高深。

我们来看几段摘自阅读量达10w+的推文中的句子:

> 小时候,父亲的背是最厚实的靠山。长大后,轮到父亲在我们的背上,看这个世界。
>
> ——"人民日报"《2公里40分钟!三个儿子背89岁父亲达成心愿》

很多婚姻之所以不幸，是希望听到"你辛苦了"的那个人，经常会听到"我比你更辛苦"。

……

这世上最凉薄的事情，不是全世界与你为敌，而是你的伴侣不心疼你。

——"夜听"《他爱不爱你，一开口就知道了》

谁说你家没工人？你是老板，爸妈就是工人，给你打半辈子工，不拿钱反倒贴的那种。就这样，你还不满意。

——"王耳朵先生"《春节第5天，这群人开始被抛弃：中国式父母，最终都活成了儿女的手下败将》

这些句子大多用词朴素，却是高度概括出的观点或者提炼出的感悟，令人能够被触动、思考。它们中有一些会被称为"金句"，在文中有着画龙点睛的作用。

"高深"的句子需要有感而发，总结一下你会发现，这类句子有几种情形。

情形之一是常用的句式大都偏爱前后对应。例如，使用"不是……而是……"来表述：

☆ 这世上最凉薄的事情，不是全世界与你为敌，而是你的伴侣不心疼你。

⭐ 不是我不在乎你，而是我太爱你。

再就是将主语和宾语进行调换：

⭐ 小时候，父亲的背是最厚实的靠山。长大后，轮到父亲在我们的背上，看这个世界。

⭐ 今天你对我爱搭不理，明天我让你高攀不起。

也可以借助"没有……只有……"来强调：

⭐ 没有跨不过去的坎，只有自暴自弃的人。

⭐ 爱情中没有理所当然，只有心甘情愿。

还有错位表达：

⭐ 很多婚姻之所以不幸，是希望听到"你辛苦了"的那个人，经常会听到"我比你更辛苦"。

情形之二是在个别字词上玩花样。例如，"所谓成长，就是一个把哭声调成静音的过程""我走过的世上最长的路，就是你的套路"等。

情形之三是在句式和字词上没有花样，却有着明显说教的"高深"烙印。例如，"无论你遇见谁，都是生命中该出现的人，都有原因、都有使命，绝非偶然，这个人的出现一定会教会你一些什么"。

当然，这类"高深"的句子不一定必须自己写，也可以像某些文案开头的金句那样，借用名人名言、影视剧或者书中的哲理性句子，甚至是能引起共鸣的网友的话。

不过，如果借用别人的语句，最好是不为大家所常见的，这样才更能让受众深受感动而又不乏新鲜感。

8.8 利用数据
打造"黄金文案"

最近几年,"大数据"是一个热词。许多公司和机构都热衷于从庞杂的数据中挖掘、分析用户的行为习惯和喜好,以期寻找到相对应的商业价值。于是,资讯平台推给我们的内容越来越符合我们的偏好,推送的广告越来越接近我们的需求。

现在,各内容创作平台都向创作者提供数据支持,包括每篇文章的点击量、用户性别、用户年龄、用户地域等。虽然这些数据是有限的,但只要能使用好,同样可以赋予我们的文案更大的价值。

价值一:做高流量

我在某网站做总编辑时,就和同事借助数据进行过多次实验,提升流量非常迅速。后来我也将这种方式运用于其他媒体平台,屡试不爽。

我们的实验方法是盯重点推荐位,给不同位置的内容预设流量底线。例如，根据平日统计，第三条资讯每天的平均pv（页面浏览量）是15万，最高可达到50万，我们给它设定新的达标流量为30万。那么分解到某个重要时间段，假设是访问高峰时段前的7：40至7：50，设定达标流量为5000。

试验开始，10分钟后，如果发现一个资讯在该时段内达不到预期，我会要求编辑修改标题甚至是替换为备用选题。经过2个月的试验，编辑找准了规律，第三条位置的资讯每天可带来的平均pv稳定在了150万，效果非常显著。

我举这个例子，是要说明数据分析对流量提升的巨大作用。如果现在你不是做平台，就没办法照搬这个试验，但对文案发布后的数据进行及时分析仍然意义重大。

你应该也注意到了，同一篇文案，发布在微信公众号、今日头条、百度百家等不同的平台，收获的流量差别非常大。

这其中有传播机制不同的原因，但更重要的原因则是每个平台的用户群体不同，他们关注的热点不同，可以激发起他们好奇心或兴趣点的关键词也不同。用户的这些差异是我们的眼睛无法看到的，不过通过数据分析我们就可以发现。若每天结合流量数据加以统计和总结，相信很快就能发现其中的规律。

价值二：修正内容

有时候，我们写完一篇文案，自己很满意，对标题也很满意，可发布之后，流量数据却总是上不去。

遇到这种情况，通常可以从两个角度找原因：一是文案包含不符合平台规定的内容，推荐被限流了；二是你所满意的文案并不适合这个平台的用户，受到了大家的冷落。

你在应对时，需要先确认是不是第一种原因。马上根据对应平台的规定检查文案内容，看是不是存在平台限制的关键词或者其他违反平台规范的元素。多数平台不允许创作者发布有广告嫌疑的内容或者直接插入外链、联系方式等进行导流，尤其不允许出现竞争平台的名称。如果有，你就需要做出相应的修改。

假如排除了第一个原因，你可以去研究一下自己的账号或同类型账号发布过的高流量作品，找准受众偏爱的方向和表达方式，对文案进行调整。

记住，写出的文案不但要我们自己满意，更需要受众喜欢。

价值三：稳定用户群体

聊天时，有的朋友会说："我做的自媒体账号挣不到钱。但我认识的×××，他的账号粉丝还没有我的多，但每个月都能有十几万的收入。"

一个自媒体账号能不能挣到钱，和粉丝基数有关，但和自身定位关系更大。

我们都知道，文案的受众是分群体的，不同的受众群体能够给文案带来的价值有所不同，而自媒体定位就在很大程度上决定了你的受众群体的类别。如果你做的是一个育婴账号，受众群体会以孕妈妈、新宝妈为主；如果你做的是一个时尚穿搭账号，受众群体会以20—30岁的时尚女孩为主；如果你做的是一个社会时事评论账号，那么受众群体很可能会以中青年男性为主。

受众群体越垂直、越细分，他们的需求就越明确、越趋同，背后的商业价值才越大。

用户数据分析是我们稳定用户群体的重要抓手，它能够帮我们随时掌握受众群体的构成，保证产品与受众之间的匹配度。

例如，你的账号锁定的是24—30岁的女性，账号所推送的广告产品也都针对这个群体。但某日，你新发布了一篇文案，后台数据显示，受众构成中"24—30岁"和"女性"的占比明显降低，这就说明该文案在定位或写作中出了问题。如果不加以重视，连续发布类似文案，将会引发账号掉粉，甚至出现账号粉丝群体偏离的情况，最终影响账号的价值。

价值四：提高文案转化能力

前文说过，商业文案传播的目的在于通过抓住眼球、刺激痛点，最终实现转化。在互联网平台上，销售额=文案的流量 × 转化率 × 客单价，所以衡量文案价值的标准就是转化能力。

那么数据对提高文案的转化能力有什么帮助呢？

我们可以通过数据监控获取到文案的总点击数并使用"转化次数/总点击数"计算出转化率，然后进行分析：

①如果总点击数很大，转化率也高，那么结果最理想。

②如果总点击数很大，而转化率低，说明文案标题的吸引力没有问题，但产品不够吸引人，或者促销的力度不够。

③如果总点击数不大，转化率却很高，则说明产品有足够的吸引力，但文案标题的吸引力有问题。

④如果总点击数不大，转化率也不高，那么文案和产品都存在问题。

根据分析的结果，就可以有的放矢地做出应对措施，通过修改标题、调整写作角度等方式提升总点击数，或者相应地增强产品吸引力、加大促销力度以提升转化率，最终实现文案转化能力的提高。

此外，对用户数据进行总结和发掘，对用户习惯和行为爱好加以分析，还将有助于制订出更加行之有效的营销策略，使销售成果最大化。

8.9 获取受众的信任

好的文案善于攻心。

我在给企业家策划知识课程的时候,他们常会按捺不住地问:"我现在是不是可以讲我的产品了啊?"

我的回答是:"等一等,先建立起大家对你的信任。"

受众信任了你,信任了你的文案,才更容易转化成你的客户。我们每年都会见到许多因引发了受众质疑而翻车的文案,它们给账号带来的结果是轻则坏了口碑,重则被口诛笔伐,最后导致账号被封停。这类情况务必引以为戒。

因此,取得受众的信任尤其重要。但应该怎样获取信任呢?

方法一: 总对受众有帮助

我们都清楚一个道理:"最值得信任的人,不是你曾经帮助过的人,而是帮助过你的人。"对帮助过自己的人,我们会从内心产生亲近感，很容易就相信他的话。

就文案而言，要想取得受众的信任，方法之一就是持续输出的内容对受众有帮助。当你的账号取得了受众的信任，再向受众推荐东西时，只要遇到他们恰好需要的，即使是不知名的品牌，他们也会毫不犹豫地下单。

对受众有帮助的文案，至少应该具备下列特点中的一个：

①知之有用

文案提供的是及时、有用的信息，可以方便受众的工作、学习、生活等方面。

②行之有效

传播的内容是实用的知识、技能，可以帮受众直接解决问题或者提升能力。

③言之成理

文案能够讲出独到的见解，让受众感到开拓了思路、得到了认同，或者对他们所存在的问题达到释难解疑的作用。

④按摩心灵

文案可以帮助受众缓解压力、放松身心。

方法二：表现得足够专业

韩愈说："术业有专攻。"每个人掌握的知识都是有局限性的，所以我们会佩服那些具备着自己所不具备的知识的人，他们更专业。

让受众佩服你文案的"专业性",也是取得受众信任的一种方法。怎样才能体现出专业性呢?

①知识渊博

既然要表现出专业性,那么在这一领域就必须比别人懂得更多,对不对?受众不知道的知识你知道,受众知道的知识你了解得更深。这样讲出来的话,受众才会信服。

所以,在写作的时候恰到好处地引用部分专业典籍或者行业研究成果和数据,既能让受众尽量多地获得新的信息,也可以证明你在这一领域的造诣。

②思路清晰,深入浅出

专业文献对普通受众来说往往佶屈聱牙,但我们的文案不可以。体现专业性的文案更需要思路清晰、逻辑严谨、深入浅出,这样才能显示出你的功力。

前面提过张文宏医生的例子,他科普流行性感冒和感冒的关系时说:"流行性感冒跟感冒根本不是一家人!我如果告诉你,流行性感冒是老虎,那感冒是什么呢?感冒连兔子都不是,它可能是小爬虫,是苍蝇,就是差得这么远。"够深入浅出吗?所以他才能成为受众广泛喜爱、广泛认可的"网红"医生。如果他没有将专业知识消化、吸收,只是照本宣科地讲术语,必定说不出如此生动的比喻。

③信息精准、全面、无差错

信息精准、全面、无差错应该是对专业性的基本要求。那些翻车的文案，问题大都集中在信息出现差错或者观点以偏概全上。除了这两点硬伤，有些人写文案时还常使用模棱两可的表述。例如：

经过几十年的研究和尝试，他终于研制出了新配方。

20年是几十年，90年也是几十年，到底是多少年呢？你是不是感觉在这个时间问题上有些敷衍？假如我们修改一下呢？

经过28年的研究和尝试，他终于研制出了新配方。

这个28年是假设的，具体时间可以在采访时问清楚。但这样处理之后，是不是感觉一下就具体了，也更真实了？

除了数字，一些细节也是如此，表述越精准、越全面，越能体现出写作者的专业态度。

④一语中的，总能抓住重点

智者一定不是夸夸其谈的人。专业能力强的人，也是话不在多而在于精。他总能抓住重点，一语中的。

表现得足够专业的文案在表达时同样需要总能抓住重点，一语中的。何况过于啰唆的文案会消磨受众的耐心，而且容易将核心的内容埋没掉，影响传播效果。

方法三：获取权威背书

引用被公众信任的观点、看法、报告或数据等，也可以使文案内容获得信任。能够被公众信任的来源，主要包括权威的人、权威的机构和权威的文献。

①权威的人

行业专家、知名的从业者以及行业内的关键意见领袖（KOL）都可以算是权威的人。他们在行业内浸淫多年，受到普遍认可，他们的观点和建议比较容易被受众采纳。

例如你的产品是橙子，想推荐给孕妇。不免有人顾虑："孕期高血糖能吃橙子吗？"大家可能不信你的吆喝，但通常会相信医学、营养学方面的专家的解释。

所以，多数时候即使你知道某个问题的正确答案，也一定要找"权威的人"出来解答，因为他们的身份可以让答案更可信，更容易被受众接受。

②权威的机构

政府部门、高校、科研院所或专业机构等都可以列为权威机构。此外，知名媒体也可以列入其中，如中央电视台，中央人民广播电台，中央级的报纸、杂志等。

例如，有的产品只是在中央电视台打广告，可多数消费者就会认为"这个产品都能在央视上做广告，产品质量一定没问题"。这也是一种背书。

一些获得大家普遍认可的大公司、专业性公司，其分析、数据和建议同样具有权威性。不过，通常是非营利性机构或者公允的第三方机构更容易赢得信任。

③权威的文献

除权威的人和权威的机构外，引经据典也是增强文案可信度的一种方法。

健康、保健类的文案经常会提到《本草纲目》《千金方》等。它们都是我国古代中医学的经典著作，得到了大家的普通认可，引用其中的内容，大家也会相信。

不过，文献的权威性主要还是源自权威的人或权威的机构，它们之间有着紧密的关联。

方法四：借消费者进行证明

"我们的产品已经销售超过10万单""我们产品的复购率是80%……这样的产品质量是不是能够信得过呢？

人们当然觉得信得过。"使用过的人都说好"的产品，那大概率是真的好。现在，大家已经养成了网购前先看商品评论的习惯，就是想通过消费者的体验和评价了解产品。

所以，文案可以通过案例客户对产品进行背书，让受众相信你。而且，能够为你背书的客户越知名，越容易帮你赢得受众的信任。

8.10

塑造个人IP

我遇到过一位因被"过河拆桥"而特别苦恼的客户。

她做了多年的少儿专注力培训老师,自己先后研发出了几套培训课程和教具。于是有培训机构找到她,双方商定合作,培训机构负责招生,她负责授课,利润双方分成。

完成一个授课周期后,培训机构就不和她合作了。但她发现,培训机构终止与她的合作并不是不做这项培训了,而是复制了她的课程和教具,把她完全甩开了。她说这种事已经发生过两次了,自己也知道要做好知识产权保护,但课程和教具很容易被修改,而且她势单力薄,想维权太难了。

她问我:"怎样才能解决这个问题呢?"

我非常认真地告诉她,首先,去咨询知识产权律师,寻求有效的建议;其次,考虑"提升自身的价值"。

我给这位客户分析,假如她有了一定的知名度,能够为课程赋值、做背书,培训机构恐怕会大力宣传那些课程是她研发的,甚至巴不得把自己研发的课程也冠上她的名字。直白点儿说，她的个人品牌值钱了，她的产品才会更值钱。

在文案写作这件事上，我们也要正视这个问题。注重自己账号的品牌价值，输出高品质的文案，自然也会让你的文字更值钱。还有一个提高品牌价值的办法，就是塑造个人IP。

步骤一：选定感兴趣、有专长的方向

如何定位自己的IP方向？

不只是初入职场的人会对自己的定位产生迷茫，我和朋友聊天时，也常被问到一个问题："你觉得我做什么合适呢？"

其实，我们在做IP塑造的时候首先需要思考的也是这个问题。

请注意一下，我反复提到的是"塑造"，而不是"打造"。塑造是整束你已经具有的能力并使之成型，而非培养新的能力。所以，在设定IP方向的时候，一定要明确自己"有兴趣做什么、能做什么、能做好什么"。

我在提出这3个"什么"的时候，曾有朋友问我："为什么还要考虑有兴趣做什么？能赚钱就好啊！"

但你在设定IP方向的时候，还真的需要考虑兴趣。因为对有兴趣的事情，我们更可能坚持不懈地去做，不怕为之吃苦，不惧遭遇挫折。

明确能做什么，是要思考自己有哪些专长。做IP塑造，一定要扬长避短。我们常看到"××人设崩塌了"的新闻，而人设崩塌的最主要原因是这些人的"人设"是设计出来的，而不是自己的真实外现，于是一不小心就露馅儿了。

在"有兴趣做"的基础上，从"能做"的事情里筛选出"能做好什么"是最重要的。有兴趣做又能够做好的，才能真正成为你的IP的根基。

步骤二：为自己贴上最合适的标签

公司招聘的时候，我经常会发现一批"捣乱"的人。

例如，招聘岗位有新媒体运营专员、PHP开发工程师、销售总监、副总经理，职位跨度够大吧？岗位需求差异也非常大。但尽管如此，竟然还会有不少应聘者一口气投出4份简历，同时应聘。

对于同时应聘多个岗位的简历，我是连看都不看的，因为"什么事都能干的人，往往什么事都干不好"。而且这样投简历的人，往往初入职场，他连自己会干什么都不知道，才敢这般乱投。

不只是职场新手会暴露出不专业，我也时常会收到一些名片，上面的头衔印得满满当当，更厉害的是，那些头衔通常跨几个行业和领域。

这些人往往已经工作多年，应该有一定的能力，却只想着显示自己了解多、资源广，反而忽视了"术业有专攻"，忘记了专家是指对某一门学问有专门研究的或者擅长某项技术的人。他跨的行业和领域越多，在每个行业和领域上投入的精力就越有限，也就越难成为"专家"。

所以，在塑造个人IP之初，给自己贴标签非常重要。一个人展示给公众的"能力"一定不要多，要凸显出自己的专业性，选择最适合的那个"标签"贴在身上。例如，你是美妆方面的大V，或是母婴领域的KOL，抑或是新媒体营销的深耕者等，一个足矣。

记住，这个标签一定要长期固定。

步骤三：将自己符号化并突出独特性

IP的一个重要特征是"符号化"，而且是肉眼可见的、有性格、有温度的符号化。

有人将IP等同于品牌，其实并不对。品牌是名称，是名气，可以用来认知和传播，职责在于体现和维系公司的形象；而IP是具体的形象，能够被看到甚至触手可及，职责则在于直接推动变现。直白地说，你的名字可以成为品牌，但只有你或者由你衍生出的其他具体的形象，才能成为IP。

就个人IP来说，应该有标志性的元素，如一个动作、一个常用词汇，甚至是穿戴打扮上的某一特点等，这个元素有着一定的辨识度，是与众不同的。例如，你的文案可以在分析问题的角度、表达的方式或写作的格式上形成自己的特点。

现在，不少文案创作者都会开通自己的头条号、公众号、视频号等，也是在个人的 IP 塑造上下功夫。

步骤四：做好持续输出的内容规划

偶尔做一件事容易，长期坚持去做一件事很难，长期坚持去做一件事并且做好它更难。而我的朋友中却有几位坚持者，有的每天坚持晨练，有的每天坚持写一篇自媒体文章，着实令人佩服。

我认为，每天坚持写一篇自媒体文章比每天晨练更难。

当你确定了 IP 塑造的方向之后，不一定要每天输出内容，但至少要做到定期、持续地输出优质内容，例如每周一发布一篇，或者每周一、周四各发布一篇。定期输出可以培养受众的阅读习惯，并且带给他们期待感。

提前制订内容规划对实现持续输出非常重要。

例如，选择几个相对固定的信息来源，包括行业媒体、社群、圈子等，总能有新鲜的爆料让你可以借题发挥。与受众的互动也是一个话题来源，可以关注受众留言中的故事、提问等内容。另外，还可以记录头脑中偶尔冒出的灵感，作为话题储备。

有了这些话题来源和储备，接下来就是提前列出写作计划，保证手头一直保持4—5个乃至更多的可用选题。假若突然遇到具有时效性的话题插进来，可以把写作计划中的选题往后调整，但千万不要等手头的储备用尽了再想办法。否则，遭遇几次"弹尽粮绝"后也就懈怠了。

IP的塑造与养成是一个长期的过程，但它一旦得到认可，能够带来的收益率将远超其他的投入。

所以，要写好文案，一定要做好"人"。